带着指南回大宋

姜旭南　邢群麟/著

文化发展出版社
Cultural Development Press
·北京·

图书在版编目（CIP）数据

带着指南回大宋 / 姜旭南，邢群麟著. — 北京：
文化发展出版社，2025. 2. — ISBN 978-7-5142-4569-1

Ⅰ. K244.09

中国国家版本馆 CIP 数据核字第 2024KY6209 号

带着指南回大宋

著　　者：姜旭南　邢群麟

责任编辑：肖润征　杨嘉媛　　特约编辑：贾　娟
责任印制：杨　骏　　　　　　责任校对：岳智勇　马　瑶
图文制作：贾　娟　盛小云　　封面设计：韩　立
出版发行：文化发展出版社（北京市翠微路 2 号 邮编：100036）
发行电话：010-88275993　010-88275711
网　　址：www.wenhuafazhan.com
经　　销：全国新华书店
印　　刷：河北松源印刷有限公司

开　　本：720mm×1000mm　1/16
字　　数：190 千字
印　　张：13
版　　次：2025 年 2 月第 1 版
印　　次：2025 年 2 月第 1 次印刷

定　　价：49.80 元
Ｉ Ｓ Ｂ Ｎ：978-7-5142-4569-1

◆ 如有印装质量问题，请电话联系：010-58815874

英国史学家汤因比曾说："如果让我选择，我愿意活在中国的宋朝。"

中国现代历史学家陈寅恪先生曾说："华夏民族之文化，历数千载之演进，造极于赵宋之世。"

中国台湾作家蒋勋先生说："宋朝是中国历史最有品位的朝代。"

宋朝究竟有什么魅力，引来如此盛赞？

在旖旎的京都风华中，点缀着数不清的物华天宝、雅文趣事。如果手执一枚穿越时空的铜镜，能将年丰物阜尽收眼底的话，那真不知该出现怎样的传奇故事？南宋时温州九山书会才人编撰的戏剧《张协状元》有一段唱词："你看茶坊济楚，楼上宽疏。门前有食店酒楼，隔壁有浴堂米铺。才出门前便是试院，要闹却是棚栏，左壁厢角奴鸳鸯楼，右壁厢散妓花柳市。此处安泊，尽自不妨。"这段唱词可以说是大宋生活的缩影。无论是北宋都城汴京，还是南宋行在临安，均是茶铺酒肆林立，店铺鳞次栉比，热闹非凡。

勾栏瓦舍是大宋必去的打卡景点。在这里，不仅与在酒楼中一样可以享受到歌妓作陪的待遇，还能观看大宋精彩的演出。傀儡戏、小说、讲史、杂扮、吟叫、歌舞、杂剧、南戏、器乐、百戏、驯兽、魔术、相扑、杂技、弈棋等节目轮番上演，让人眼花缭乱。

除了在室内观赏节目，宋人也不忘去户外游赏。金明池、相国寺等都是游览的好去处。南宋人更爱游湖，西湖的热闹场面不输现在的"黄金周"，古人谓"至南宋建都，游人仕女，画舫笙歌，日费万金，目为销金锅"。

宋朝重文轻武，"皇帝与士大夫共治天下"。在朝堂，文人享受着极高的待遇。在生活中，文人拥有极高的艺术品位和生活品位。权且不谈他们留下优美的辞藻、恢宏的诗篇，单单就他们生活本身论，也风雅了千年。他们饮美酒、赴宴会、插鲜花、焚沉香、着广袖、抚弦琴，风度翩翩。他们出去游玩，也充满了闲情逸趣和高雅品位。

宋朝的女人不再困囿于家室庖厨，许多妇女不在家中做饭，而是到街上买饭或者"点外卖"。女人可以打扮得体，涂脂抹粉，插钗戴冠，陪同丈夫盛装出行。也可以约姐妹们去参加"斗宝会"，将自己精美的首饰和盘托出，与其他人进行比拼。莳花弄草，牵狗逗鹦，好不自在。

漫步京师，如徘徊在"暖风熏得游人醉"的畅然闲适中，所谓"百年富贵，一觉邯郸梦"，宋朝活色生香的生活像一场精彩的沉浸式演出，短暂的辉煌后归为沉寂，成为千余年后的绝响。特别是对于经历过国破家亡的南宋初的人来说，对故国的思念将旧有风物染上一层奇幻的色彩，精致优雅的小资生活被渲染如正午的阳光般耀眼灼热，只能想象怀念难以复刻。汴京生活俨然华胥一梦，而大家却希望在美梦中徜徉，只愿长醉不愿醒。

目录
CONTENTS

第一章

夜汴京，这是一个不夜城

汴京的头牌：忆得少年多乐事，夜深灯火上樊楼

宋朝氤氲着晚唐的风韵而来，或内敛柔和，或从容秀丽，似一柔媚婉约的女子亭亭玉立于廊亭之下。虽然宋朝不断受到外族的滋扰，但这丝毫不影响它的绽放。北宋都城汴京软红香土、华灯璀璨，其繁华程度不输任何一个王朝的国都。

如果身在宋时的汴京，放眼望去，便可见青楼画阁鳞次栉比地排列在街道上。珠帘、酒旗飘飘乎盈满御街两侧。美人流连于雕车宝马间，金翠的首饰在阳光的映衬下闪闪发光，满身的衣裳散发着淡淡的香气。巧笑倩兮，美目盼兮，女子的欢笑声与小商贩沿街叫卖的吆喝声形成奇妙和谐的旋律。胡人胡姬往来不绝，茶坊酒肆仙乐飘飘，远方的航船正在抛锚，一派旖旎风光。曾任开封府仪曹的孟元老在《东京梦华录》里这样形容东京开封府：

> 举目则青楼画阁，绣户珠帘。雕车竞驻于天街，宝马争驰于御路。金翠耀目，罗绮飘香。新声巧笑于柳陌花衢，按管调弦于茶坊酒肆。八荒争凑，万国咸通。

宋朝繁华数东京，东京繁华数樊楼。要说东京的最繁华处，还得看汴京城的头牌——樊楼。明朝冯梦龙《喻世明言》中载有一首《鹧鸪天》，讲的是宋仁宗和苗太监私行街市，"见座酒楼，好不高俊"，此楼正是樊楼。

城中酒楼高入天。烹龙煮凤味肥鲜。公孙下马闻香醉，一饮不惜费万钱。

招贵客，引高贤，楼上笙歌列管弦。百般美术珍羞①味，四面阑干彩画檐。

樊楼是东京七十二家酒楼之首，又名矾楼、白矾楼以及丰乐楼等。南宋吴曾《能改斋漫录》中说："京师东华门外景明坊有酒楼，人谓之矾楼，或者以为楼主之姓，非也。本商贾鬻矾于此，后为酒楼，本名'白矾楼'。"意思是，矾楼起初因许多人在此卖矾而得名。

据《东京梦华录》中记载："白矾楼，后改为丰乐楼，宣和间更修。三层相高，五楼相向，各有飞桥栏槛，明暗相通；珠帘绣额，灯烛晃耀。"在宋徽宗宣和年间，樊楼得到扩建，呈现出东西南北中五楼鼎立的格局，三层建筑高低错落，各楼之间还有飞桥相连接，以供客人往来各楼。灯火通明，玉壶流转，非

清明上河图（局部） 北宋 张择端

①珍羞：即"珍馐"，珍美的肴馔。

常热闹。

三层在宋代来说是高规格的建筑，王安中曾作《登丰乐楼》，其中"日边高拥瑞云深，万井喧阗正下临"足以说明樊楼之雄浑。据说，登到樊楼的西楼，就可以看见皇宫的景观，所以皇上下令，不准他人登上西楼去窥探皇家隐私。但皇帝自己可以去，还可以派人去看。据说皇家的宫苑艮岳离樊楼近，宋徽宗曾让人登上樊楼眺望艮岳的景色。

樊楼承载着大宋人的集体记忆，也令后人心向往之。宋代理学家刘子翚在《汴京纪事》中说："忆得少年多乐事，夜深灯火上樊楼。"樊楼成为宋人精神的故乡。清代赵翼《西湖咏古·其四》曾作："三竺峰峦非艮岳，两隄灯火似樊楼。"樊楼之盛景，就如童年之回忆，美好绚烂于心尖，朦胧了眼眶。

樊楼如此多娇，都什么人会来光顾呢？

最重量级的就是皇帝。据《宋会要辑稿》中记载："先是，帝自左掖门出，乘逍遥辇至明德门外灯山前驻辇……过酒户孙守彬楼，少驻辇。又至白樊楼观杂戏，遂御东华门。"这里是说宋太祖赵匡胤到樊楼观杂戏。

说起享受，自然不会少了宋徽宗赵佶。宋徽宗不仅自己去樊楼享乐，还带着歌妓李师师。并让侍从在樊楼上设置御座，极尽风流天子之能事。据《大宋宣和遗事》中记载："樊楼乃是丰乐楼之异名，上有御座，徽宗时与师师宴饮于此，士民皆不敢登楼。"

招揽了大宋一票名人的宋仁宗去不去樊楼享乐呢？宋话本《赵伯升茶肆遇仁宗》中讲了宋仁宗扮作白衣秀士出巡的事，但他是极为克制的，想来即便是樊楼，也不会经常去。

南宋施德操所撰的史料笔记《北窗炙輠录》中记录了这样一个故事：

宋仁宗在宫中听到丝竹歌笑的声音，问道："这是哪里在作乐呀？""这是民间酒楼作乐的声音。"宫人有点羡慕外面的生活，说道，"官家你听，外面如此快活，哪像宫中冷冷落落的。"宋仁宗说："你知道吗，正是因为我在宫中如此冷落，外面才能如此快活。我要是快活，那外面就该冷落了。"

樊楼这么好，不仅皇帝爱去，大臣也爱去。北宋僧人文莹的《湘山野录》中记载了一个故事：宋真宗给日本的一个佛寺赐额。日本使者走之前，请求皇帝再赐给他一篇寺记。寺记属于命题作文，需要一个合适的人写，于是敲定了人选翰林学士张君房。碰巧，这天不是张君房值班。所以就派人去找他，结果找了一天没找到。原来，他"醉饮于樊楼"。

政和进士黄彦辅曾在樊楼喝得酣畅淋漓，借着酒兴，自然免不了吟诗作赋。他即兴作了《望江南》词十首，引得众人围观，大家都说他是"谪仙堕世"。想必他穿着也很飘逸，像吕洞宾般风流倜傥，引得白牡丹们欢呼雀跃。

不光是大臣、文人雅士喜欢在樊楼喝酒，江湖人士也爱去。当然，口出狂言的并非都是豪爽正义的江湖人士，还有炫富的人。《齐东野语》中记载了一个叫沈偕的人，他追求一个名妓。在美女面前，沈偕自然不能丢了面子，他对樊楼千余名客人说："你们尽管吃喝，账都算在我头上。"想必那一晚，沈偕花了不少钱。

据说，异邦的金国对樊楼也充满倾慕。宋话本《杨思温燕山逢故人》中描述，金国在燕山脚下盖了一座秦楼，照葫芦画瓢，其外观似东京白矾楼，就连酒保都是流落此地的樊楼的老伙计。

"夜来行乐雁池头，侍女分行秉烛游。唱彻宪王新乐府，不知明月下樊楼。"樊楼以其繁华热闹的盛世气象成为文人笔下的美谈，彰显大宋神韵。若能梦回宋朝，相信它也会成为你的"心上月"。不幸的是，靖难之役后，盛极一时的樊楼毁于战火中。

到了南宋，人们照着樊楼的模样在西湖畔盖了一座丰乐楼。一样的宏伟、一样的繁华，却蒙上一层江南的烟雨。州桥夜市、汴河歌女，大宋樊楼的故事至今有多少人还在传唱呢？

开封娱乐圈：瓦舍勾栏

在宋朝，人们热衷于"瓦舍勾栏"。瓦舍勾栏是一个囊括多种娱乐项目的场所，汇集了数不尽的能人异士，他们擅长表演各色绝活，堪称大宋的娱乐圈。

瓦舍，又称瓦市、瓦肆、瓦子，关于这个名字的由来，《梦粱录》中说："瓦舍者，谓其'来时瓦合，去时瓦解'之义，易聚易散也。"南宋耐得翁《都城纪胜》中说："瓦者，野合易散之意也。"可见其最初比较灵活，能演出就演出，不能演出就撤。类似现在的剧团表演，表演完了，舞台就可以拆了，也可以到其他地方表演。

大宋遍布各种不同规模的瓦舍，大的瓦舍可以容纳数千人。据《东京梦华录》中记载："街南桑家瓦子，近北则中瓦，次里瓦，其中大小勾栏五十余座。内中瓦子莲花棚、牡丹棚，里瓦子夜叉棚、象棚，最大，可容数千人。"《西湖老人繁胜录》中记载："惟北瓦大，有勾栏一十三座。"通宵达旦，可谓"深冬冷月无社火看，却于瓦市消遣"。

王林在《燕翼诒谋录》中说，东京的大相国寺是瓦市，"僧房散处，而中庭两庑可容万人，凡商旅交易，皆萃其中，四方趋京师以货物求售、转售他物者，必由于此。"《东京梦华录》佐证了这一说法，"相国寺，每月五次开放，万姓交易"，所卖物品，小食、文物、用品等一应俱全。难怪赵明诚和李清照经常逛大相国寺。

在瓦舍里，人们可以享受到全方位的服务。"瓦中多有货药、卖卦、喝故衣、探搏、饮食、剃剪、纸画、令曲之类。"也就是说，有卖药的、占卜的、徒手角力的、卖食物的、买旧衣服的，等等。种类繁多，不胜枚举。

瓦舍里也有妓女卖笑，南宋周密《武林旧事》中记载，在临安的瓦舍中，妓女"莫不靓妆迎门，争妍卖笑，朝歌暮弦，摇荡心目"。士大夫是瓦舍的常客，宋代郭彖在《睽车志》中说，士大夫"便服日至瓦市观优"。

在瓦舍中，设置勾栏，"楼下用枋木垒成露台一所，彩结栏槛"，这就是专门演出的舞台。勾栏中表演的节目有：杂技、傀儡戏、影戏、说书、相扑、说诨话、弄虫蚁、散乐等，项目繁多。

黄庭坚在《题前定录赠李伯牖》中说："万般尽被鬼神戏，看取人间傀儡棚。烦恼自无安脚处，从他鼓笛弄浮生。"意思是，他在瓦舍看傀儡戏，烦恼都消掉了。

王灼《碧鸡漫志》中记载，一位说诨话的艺人张山"其词虽俚，然多颖脱，含讥讽，所至皆畏其口，争以酒食钱帛遗之"。

欧阳修《归田录》中记载："相国寺前，熊翻筋斗，望春门外，驴舞百枝"，这就是今天的"马戏团"啊。

《西湖老人繁胜录》中记载，一位"说话"的艺人小张四郎，他是专属艺人，一辈子"不曾去别瓦作场"。

总之，瓦舍的快乐，让人"终日居此，不觉抵暮""不以风雨寒暑，诸棚看人，日日如是"。勾栏要演出什么，会提前张贴招子，广而告之。比如《水浒传》第五十一回中，李小二说勾栏里有一个叫白秀英的粉头，雷横和李小二便往勾栏去，"只见门首挂着许多金字帐额，旗杆吊着等身靠背"。这里挂着的"金字帐额"就是贴的招子，上面有节目的名字、表演者等相关信息，以便大家了解。

瓦舍也会有许多"明星"前来助阵。据《东京梦华录》中记载："崇、观以来，在京瓦肆伎艺，张廷叟、孟子书主张。小唱：李师师、徐婆惜、封宜奴、孙三四等，诚其角者。"

如果你想看上一看，那得花点钱。张端义在《贵耳集》中说："天下术士皆聚焉，凡挟术者，易得厚获。"徐渭在《南词叙录》中说："宋人凡勾栏未出，一老者先出，夸说大意，以求赏，谓之'开呵'。"想必演出非常精彩，才能让人终日流连忘返。

这些演出的"明星",不仅在勾栏演出,还会去权贵的家里演出。《醉翁谈录》中说"凡朝贵有宴聚,一见曹署行牒,皆携乐器而往,所赠亦有差"。有时,他们还会被请进皇宫演出,这样他们就有了金招牌,以后演出会更受欢迎。一些技术高超的艺人还会被征调入教坊,比如名伶丁仙现。邵伯温在《邵氏闻见录》中记载了丁仙现在皇宫表演的盛况:

> 涓日以次备法驾,羽卫前导赴宫,观者夹路,鼓吹振作。教坊使丁仙现舞,望仁宗御像引袖障面,若挥泪者,都人父老皆泣下。

宋代蔡绦在《铁围山丛谈》中记载,王安石变法,声名煊赫,权倾朝野,"以君相之威权而不能有所帖服者,独一教坊使丁仙现尔"。丁仙现表演中常有戏弄王安石之语,王安石也是无可奈何。

像丁仙现这样艺术水平高的伶人,可以上达天听,赢得皇帝的赞赏。但有些艺人就没有这么幸运了,他们不入勾栏,只在路边、闹市表演,这类民间艺人叫"路岐人"。他们的表演被称为"打野呵"。《武林旧事》对此有记载:"或有路岐,不入勾栏,只在耍闹宽阔之处做场者,谓之'打野呵'。"《都城纪胜》中记载:在临安城"执政府墙下空地,诸色路岐人,在此作场,尤为骈阗。又皇城司马道亦然。候潮门外殿司教场,夏月亦有绝伎作场。其地街市,如此空隙地段,多有作场之人"。可见这类民间艺人,数量很多,如果走在大宋的街头,随处可以看演出,这得有多快活。

在夜市发展"地摊经济"

现如今,出去旅游的人,总喜欢去逛当地的夜市。夜市里集中了许多当地的名吃,要想取悦自己的胃,就得去夜市上大饱口福。

货郎图 北宋 苏汉臣

宋朝也不例外。北宋都城开封"夜市直至三更尽，才五更又复开张。如要闹去处，通晓不绝"。遇到天气不好的时候，你也可以放心大胆地去，"冬月虽大风雪阴雨，亦有夜市"。不去夜市走走，很难了解宋朝市民生活的全貌。

州桥在宋内城南门（朱雀门）北四百多米的御街上，沿着开封的御街往南走，出朱雀门，直到龙津桥，这个范围都属于夜市，叫州桥夜市。你晚上来就能感受到夜市的热闹，州桥夜市的生意人做买卖要到半夜三更。

沿着州桥往南走，这些好吃的会接连映入眼帘。当街有卖"水饭、爊肉、干脯"的。王楼前，有卖"獾儿、野狐肉、脯鸡。梅家、鹿家鹅、鸭、鸡、兔、肚肺、鳝鱼、包子、鸡皮、腰肾、鸡碎"的，可以看出，宋人还挺喜欢吃野味的，也喜欢吃下水。这些食物价钱都不是很贵，每个不过十五文。还有名为"曹家从食"的副食店。

走到朱雀门，这里的花样更多，有旋煎羊白肠、鲊脯、爊冻鱼头、姜豉、䏑子、抹脏、红丝、批切羊头、辣脚子、姜辣萝卜等。按照时令不同，卖的东西也有所差异。夏天卖的有麻腐鸡皮、麻饮细粉、素签、沙糖冰雪冷元子、水晶皂儿、生淹水木瓜、药木瓜、鸡头穰、沙糖菉豆甘草冰雪凉水、荔枝膏、广芥瓜儿、咸菜、杏片、梅子姜、莴苣笋、芥辣瓜旋儿、细料馉饨儿、香糖果子、间道糖荔枝、越梅等。冬天则卖盘兔、旋炙猪皮肉、野鸭肉、滴酥水晶鲙、煎夹子、猪脏之类，一直到龙津桥那里卖须脑子肉为止，这些吃食叫作"杂嚼"。

逛完了州桥夜市，我们再一起去看看马行街夜市。马行街夜市曾让大文豪苏轼怀念不已，他说"蚕市光阴非故国，马行灯火记当年"。《铁围山丛谈》中记载了一个细节，从侧面反映了马行街夜市的繁华：

天下苦蚊蚋，都城独马行街无蚊蚋。马行街者，都城之夜市酒楼极繁盛处也。蚊蚋恶油，而马行人物嘈杂，灯火照天，每至四更鼓罢，故永绝蚊蚋。

这段话的意思是，马行街夜市饭馆酒楼很多，烹饪产生的大量油烟熏走了蚊蝇。蚊虫绝迹，所以人们在此地流连，此地灯火辉煌，到四更才停止。由此可见，当时夜市的繁华。

南宋将都城迁到了临安，也就是现在的杭州。杭州的夜市是什么样的呢？据《梦粱录》中记载："杭城大街，买卖昼夜不绝，夜交三四鼓，游人始稀。五鼓钟鸣，卖早市者又开店矣。"到了三四更，人开始渐渐少了。到五更的时候，早市又开始了。夜市之繁华，不输今日。《都城纪胜》记述了临安夜市的繁华：

其夜市除大内前外，诸处亦然，唯中瓦前最胜，扑卖奇巧器皿、百色物件，与日间无异。其余坊巷市井，买卖关扑，酒楼歌馆，直至四鼓后方静，而五鼓朝马将动，其有趁卖早市者，复起开张。无论四时皆然。

如果商贩想在夜市上摆摊，商贩有多种选择。"奇异飞鸾走凤，七宝珠翠，首饰花朵，冠梳及锦绣罗帛，销金衣裙，描画领抹"尽可选择，还可以卖儿童玩具，也可以售卖州桥夜市上的各色小吃。如果不怕辛苦，也可以担着担子卖茶水、果子等。

如果没什么本钱，但精通周易之术，那么可以支摊算卦。这种算卦的在夜市上还真不少，《梦粱录》中记载了卖卦者之多：

大街更有夜市卖卦：蒋星堂、玉莲相、花字青、霄三命、玉壶五星、草窗五星、沈南天五星、简堂石鼓、野庵五星、泰来心、鉴三命。中瓦子浮铺有西山神女卖卦，灌肺岭曹德明易课。又有盘街卖卦人，如心鉴及甘罗沙、北算子者。更有叫"时运来时，买庄田，取老婆"卖卦者。有在新街融和坊卖卦，名"桃花三月放"者。

这些摊位都有响亮的广告牌。你要是想从众摊位中脱颖而出，也得起一个响亮的名号，最好加上"五星""三命"这样的字眼。

不要以为夜市上只有吃喝玩乐，其实还有"文化"经济。如果你是一个有才华的文人，可以靠自己的才学撰写文章卖给别人，这叫"卖酸文"。比如影视剧中，落魄的书生在大街上摆摊卖字画，就是在靠这种方式谋生。或许有的人遇到重大的事情需要写一篇文章，这些文人就可能会被请托作文，从而获得报酬。

据《梦粱录》中记载："衣市有李济卖酸文，崔官人相字摊，梅竹扇面儿，张人画山水扇。"周密在《癸辛杂识》别集上中记述："市井小人求诗序者，酬以五钱，必欲得钱入怀，然后漫为数语。"可见，这种交易形式很常见。北宋著名的瓦舍艺人张山人说："某乃于都下三十余年，但生而为十七字诗，鬻钱以糊口，安敢嘲大臣。"宋朝文人陈藻在落魄的时候，也曾卖文章为生，"岂料囊金随后散，一齐开铺鬻文章"。

文人落魄的时候，可以卖诗文糊口，但要是欠钱欠得多该怎么办呢？宋人许洞爱喝酒，嗜酒如命，自己没钱，还跟酒店赊账。结果越积越多，一时还不上了。他别出心裁，据《宋诗纪事》所说，他"一日大写壁，作歌数百首，乡人竞来观之，售数倍，乃尽捐其所负"。他把诗文题到墙壁上，办了个个人诗歌展览会，乡人都争着抢着来看，这不就有钱了吗？不仅能还清债务，还捐出去多余的钱财做好事，何乐而不为呢？

有些女子也加入卖诗的行列。《桐江诗话》中记载："曹希蕴货诗都下，人有以敲梢交为韵，索赋《新月》诗者。曹诗云：'禁鼓初闻第一敲，乍看新月出林梢。谁家宝鉴新磨出，匣小参差盖不交。'"曹希蕴就是北宋才女曹仙姑，据《希元观妙先生祠堂记》中记载，曹仙姑卖诗文主要是为了救济贫困，"晚入京师，隐于阊阖门之咸宁坊。贫困者有所告，则赠以诗，使货鬻度日"。

千金散尽，但才华散不尽。文人可以依靠卖自己的诗文书画糊口，也从侧面反映了宋朝文化商品化的发展以及宋人对脑力劳动成果的重视。

少年，人约黄昏后吧

据《续资治通鉴长编》中记载，宋太祖乾德三年（965年），朝廷颁布敕令"夜漏未及三鼓，不得禁止行人"。由于延长了宵禁的时间，使得百姓有更充足的时间游走于街市。到了宋仁宗时，"不闻街鼓之声，金吾之职废矣"，取消了宵禁制度，将夜晚还给了百姓。

黄昏时分，日落熔金，大宋的浪漫夜生活便开始了。此时，约上三五好友、意中人或伴侣，漫步在灯火万丈的长街，尽情享受宋式花样年华！

"近坊灯火如昼明，十里东风吹市声。"出来玩，无非逛逛街，吃点东西。我们先往最热闹的瓦舍去走走，看看有什么表演。

"梁园歌舞足风流，美酒如刀解断愁。"咱们先点点儿美酒美食，坐在瓦舍里看表演吧。瓦舍中的歌舞表演花样还挺多，舞剑、舞砍刀、扑旗子、舞旋、花鼓等，甚至还有外国舞种，"舞番乐"和"靴粗舞"，慢慢欣赏吧。这些艺人身段窈窕，体态婀娜，"掌上香罗六寸弓，雍容胡旋一盘中"，你看后定会拍手称快，大呼过瘾。

杂技、傀儡戏、说书轮番上演的时候，你怎么不好好看呢？原来你被旁边卜卦的人吸引了。只要你付点钱，他就会为你卜上一卦，预测你今年是否顺风顺水，财运亨通。这时候你的肚子也不甘寂寞，咕噜咕噜地响了起来，那就赶紧去酒肆吃点东西吧。

男子一进酒肆，店小二会热情地招呼你："大伯，来点什么？"你可别不高兴，因为无论年长还是年轻，人家都这么称呼的。然后店小二会噼里啪啦地说一堆，你也记不住，那就让店小二随意搭配吧。不一会儿，菜上齐了。分别是百味羹、紫苏鱼、乳炊羊、莲花鸭签、炒蟹，这时会有一位绾着发髻的中年妇女来给你斟汤换酒，这类人叫"焌糟"。这时你如果听到有人卖水果，也可以点点儿河北鸭梨。

酒足饭饱之后，你如果发现自己的钱带得不够，可以唤来闲汉，让他帮忙去取。如果发现酒肆的吵闹声逐渐大了起来，你可以走过去瞧瞧，原来有人在墙上赋了一首诗，引得众人议论纷纷。像这样的事情你不必大惊小怪，他们只是想抒发一下胸中的情绪。沈括《梦溪笔谈》中记载，真宗朝时，有一个职位是三班奉职的小武官，嫌弃自己的俸禄太低，在驿站的墙壁上题诗发牢骚：

三班奉职实堪悲，卑贱孤寒即可知。

七百料钱何日富，半斤羊肉几时肥？

朝廷知道此事后，认为："如此何以责廉隅？"然后他就加薪了。

从酒肆出来，你如果想消消食儿。街边有饮子店，你可以尝尝，再逛逛古玩字画市场，或者去茶肆以文会友。实在累了的话，你可以叫个毛驴，骑着它优哉游哉地回家。只要你有足够的钱，真是享乐嗨翻天，快活赛神仙。

第二章

宋式时尚：

唯美与潮流不可辜负

宫闱也时尚：珍珠点妆花凝香，翠鬟金锦抚红瓷

爱美之心，人皆有之。在宋朝，宫闱之内的妃嫔更是引领整个大宋的潮流。曹皇后有一个妆容，脸上贴着珍珠，这种妆容叫作"珍珠面靥"。面靥这种化妆手法古已有之，《木兰诗》中说"当窗理云鬓，对镜贴花黄"，这里的花黄就是面靥的前身。

珍珠面靥是贵族女子才会使用的妆容。因为在宋朝，珍珠非常稀有。宋代的贵族女子在重大场合会使用这种装扮。通常，额间点缀一颗珍珠，脸颊两侧酒窝处各点缀一颗珍珠，这是承接唐代人在酒窝处点缀小黑点的做法。鬓边还要点缀一串珍珠。看上去弯弯的，像月牙儿。她们还会佩戴由一串珍珠缀连的珍珠耳坠，名为"珠翠排环"。在《梦粱录》中，"嫁娶"条记录了仕宦人家的聘礼单，其中有"珠翠特髻、珠翠团冠、四时冠花、珠翠排环"等首饰。

宋仁宗是一个反对奢靡的人，《续资治通鉴》中记载，宋仁宗曾经赐给宠妃张贵妃南海的大珍珠做首饰，众人纷纷效仿她用珍珠做首饰，于是奢靡之风蔓延，导致京城的珍珠价格涨了十倍。宋仁宗在宫内举办宴会，看到张贵妃的首饰，故意指责她"满头白纷纷，岂无忌讳"。张贵妃听后深感惶恐，当即将珍珠头饰摘掉了。宋仁宗非常高兴，命人剪了牡丹花赐给众嫔妃。数日后，京城的珍珠价格就掉下去了。

除了珍珠，宋代宫廷女子还喜欢戴冠。后妃将盛开的各色鲜花制成花冠戴在头上，香气弥漫。宋代绢本设色画《宋仁宗后坐像》中，立在曹皇后旁边的

两个女使戴着"一年景"花冠，十分惹眼。难怪沈从文会说宋代女子"因之头上真是百花竞放，无奇不有"。

不过要说规格最高的，还属皇后的凤冠。《宋史》描绘了皇后凤冠的形制："其龙凤花钗冠，大小花二十四株，应乘舆冠梁之数，博鬓，冠饰同皇太后，皇后服之。"凤冠上通常会点缀龙凤、珍珠、花钗等，是任何嫔妃都无法与之比拟的高规格穿戴，体现了皇家的无上权力以及皇后母仪天下的雍容和气度。

宋人周辉《清波杂志》中记载："皇祐初，诏妇人所服冠，高毋得过七寸，广毋得逾一尺，梳毋得逾尺，以角为之。先是，宫中尚白角冠，人争效之，号'内样冠'，名曰'垂肩'、'等肩'，至有长三尺者，登车檐皆侧首而入。梳长亦逾尺，议者以为服妖，乃禁止之。……大抵前辈治器物，盖屋宇，皆务高大，后渐从狭小，首饰亦然。"

由此可见，白角冠的流行也由宫中女子而起，然后人争效之。为白角冠痴狂的人，越戴越夸张，"至有长三尺者，登车檐，皆侧首而入。梳长亦逾尺"，所以才被称为服妖，令行禁止。

沈括在《梦溪笔谈》中说："妇人亦有如今之垂肩冠者，如近年所服角冠，两翼抱面，下垂及肩，略无小异。"角冠又叫亸肩冠，在当时极为流行，王得臣《麈史》中记载："浸变而以角为之，谓之团冠，复以长者屈四角而下，至于肩，谓之亸肩。"可以说，这是角冠的改良版。

《大宋宣和遗事》中说："佳人却是戴亸肩冠儿，插禁苑瑶花。"沈括在谈到李师师的装扮时说"亸肩高髻垂云碧"，可见亸肩冠是当时的流行冠饰。

尽管宫闱之中的妃嫔装扮花样百出，却不能使用点翠。点翠在宋朝叫铺翠，即是用鸟的羽毛制成华丽的首饰，"手持凤尾扇，头戴翠羽笄"，曾是一时时尚，却遭到宋朝皇室的封禁。

《资治通鉴》中记载，宋太祖之女"衣贴绣铺翠襦入宫中"，宋太祖告诫她不要再这样了。公主笑着说："此所用翠羽几何？"公主为自己辩白，表示自己没用几根翠羽。宋太祖说："主家服此，宫闱戚里必相效。京城翠羽价高，小民逐利，展转贩易，伤生浸广，实汝之由。汝生长富贵，当念惜福，岂可造此恶业之端？"也就是说，身为皇女的公主使用铺翠，穿戴如此华贵，宫中妃嫔及皇亲贵戚都会效仿。京城里翠羽的价格上涨，百姓为了逐利必然会伤害更多的鸟的生命。你生在富贵之家应该惜福，不能造恶业。

据说，铺翠要在活鸟身上取毛才能保证羽毛的鲜艳，且一只鸟能提供的羽毛有限，如果铺翠流行开来，鸟儿就要遭殃了。开宝五年（972年），宋太祖颁布诏令"禁铺翠"。到了宋徽宗执政时期，郭天信请求罢翡翠装饰，这里的翡翠不是指玉石，而是铺翠。宋徽宗说："先王之政，仁及草木禽兽，今取其羽毛，用于不急，伤生害性，非先王惠养万物之意，宜令有司立法禁之。"

到了南宋，奢侈的风气再起。宋高宗说："销金、翠羽为妇人服饰之类，不惟麋损货宝，残杀物命，而侈靡之习实关风化，朕甚矜之。"他在宋高宗绍兴五年（1135年）、绍兴七年（1137年）、绍兴二十七年（1157年），都曾下令禁止铺翠、销金这样奢靡的风气。宋高宗要求皇室也要遵循，"自今后，宫中首饰衣服，并不许铺翠、销金"。

宋孝宗、宋宁宗等都颁布过禁铺翠的诏令。宋朝皇帝三番两次地禁"铺翠"，说明铺翠屡禁不止。李清照回忆宣和年间的元宵节，有词云："铺翠冠儿，撚金雪柳，簇带争济楚。"可见，铺翠早已在民间流行开来。

绣面芙蓉一笑开：打扮，李清照很内行

说起大宋诗词，没有人会忽略李清照。李清照以其委婉低回的词风，真挚坦率的感情在宋词人名录中夺得一席之地。但身为女子，她不仅爱写词，还很爱美。她的诗词记录了她的穿着打扮，粉黛香腮，风流婉转，说她是大宋的美妆加穿搭博主亦不为过。

唐代温庭筠有诗云："小山重叠金明灭，鬓云欲度香腮雪。"李清照也将这份旖旎的儿女情态跃然纸上。

绣面芙蓉一笑开，斜飞宝鸭衬香腮。眼波才动被人猜。
一面风情深有韵，半笺娇恨寄幽怀。月移花影约重来。

许是李清照在脸上贴了芙蓉花钿，巧笑倩兮，芙蓉绽放亦如鲜花盛开般绚烂动人。抑或是她大笑开怀，笑靥如花似春来。耳朵上戴着的耳坠斜飞起来衬着香腮越发粉嫩可爱。她活泼爱动，娇憨可爱，所以耳坠才会闪闪的"斜飞"。这种美艳不失可爱的打扮，是在她与丈夫打情骂俏之时的装扮，她欢快害羞地写下"眼波才动被人猜"。怕猜，也怕不猜。李清照这是典型的"约会妆"。

在宋朝，比较流行淡妆，李清照这个时尚达人自然也不会错过潮流。她在《丑奴儿》中写道：

晚来一阵风兼雨，洗尽炎光。
理罢笙簧，却对菱花淡淡妆。
绛绡缕薄冰肌莹，雪腻酥香。
笑语檀郎：今夜纱厨枕簟凉。

淡妆细眉是宋朝人喜欢的妆容。许多文人在诗词中都对淡施粉、浅画眉女子的淡雅清新的气质大加赞美。欧阳修说"淡匀双脸浅匀眉。青衫透玉肌"；柳永说"嫩脸修蛾，淡匀轻扫"；晏

千秋绝艳图之李清照像

几道说"娇香淡染胭脂雪，愁春细画弯弯月。花月镜边情，浅妆匀未成"；秦观说"香墨弯弯画，燕脂淡淡匀。揉蓝衫子杏黄裙，独倚玉阑无语点檀唇"；康与之说"梳妆懒，脂轻粉薄，约略淡眉峰"；张绍文说"慵下妆楼，倦吟鸾镜，粉轻脂淡"。

正如李清照在词中所写的"绛绡缕薄冰肌莹"那样，她在闺中穿得比较轻薄，应该是丝质的薄纱、细绢。李清照非常喜欢时髦的穿搭。她曾写有"乍试夹衫金缕缝"，她的衣服是拼接款，夹衫上的金线在光照的时候闪闪发亮。她去泛舟时，"轻解罗裳，独上兰舟"，罗裙飘飘，细瘦的腰身在罗裙的衬托下更为妩媚纤柔。

李清照酷爱以发饰来装扮自己。"山枕斜欹，枕损钗头凤。""烛底凤钗明，钗头人胜轻。"她戴着凤钗，钗头还装饰着人胜①。在爱簪花的大宋，李清照也不能落下，她"云鬓斜簪"，娇羞地向赵明诚倾诉，"徒要教郎比并看"。她在佳节时盛装打扮，"铺翠冠儿，撚金雪柳，簇带争济楚"。她头戴铺翠的冠儿，头上别着撚金雪柳，华贵优雅，绝世风流。

在大宋，女人都很喜欢插不同款式的头饰。辛弃疾有"人插云梳玉一弯"，讲的就是在头上插着梳子的装饰。吕胜己在词中说"垒金梳子双双耍，铺翠花儿袅袅垂"，可见这位女子头上的点缀十分丰富，不仅有垒金梳子，还戴着铺翠的冠饰，这一装扮，华美不失俏皮，将女子娴静美好的气质与风流婉转的情态刻画得入木三分。辛弃疾"蛾儿雪柳黄金缕。笑语盈盈暗香去"中的"蛾儿"和"雪柳"就是头饰，想象一下，在热闹繁华的上元节，女子穿着华丽，头上的装饰摇摇晃晃，她们谈笑享乐，是多美好的画面啊！

宋代已有驻颜膏，而且驻颜膏的销量非常好。东京还有比较著名的胭脂铺，"修义坊北张古老胭脂铺"与"染红王家胭脂铺"。女子们还会将自己的珠宝首

---

①人胜：一种人形的饰品。

饰拿去参加"斗宝会",与其他珍宝一较高下。

说起宋代女子的妆容,则是"百花齐放"。有些女子喜好"三白妆",就是将额头、下巴和鼻梁涂白,"薄施朱色,面色微红"。唐寅《王蜀宫妓图》所绘的四名宫妓施的便是"三白妆"。这种妆容就像现在的打高光,会让面部显得更立体。

还有人喜欢化梅花妆。南朝宋武帝刘裕的女儿寿阳公主在含章殿下睡觉的时候,一朵梅花飘零而下,正好落在她的额头。之后梅花虽被洗掉,但额头却留下了梅花的印记,明艳动人。宫人便争相模仿。宋代的女子化梅花妆的样子见之于文人骚客的笔端。欧阳修写的"清晨帘幕卷轻霜,呵手试梅妆",将一位女子在清冷的早晨呵手化梅妆的形态写活了,我们眼前仿佛有一个女子正对镜梳妆。柳永则描写了冬日凌晨饮酒女子的可爱情状:"寿阳妆罢无端饮,凌晨酒入香腮。"

"香檀细画侵桃脸,罗袂轻轻敛"。也有女子喜欢"檀晕妆",将胭脂或其他脂粉调成浅粉色施于面部。晏几道有词云:"雪香浓,檀晕少,枕上卧枝花好。"苏轼说梅花酒和女子所化的檀晕妆相似,"檀晕妆成雪月明",在檀晕妆的衬托下,肌肤也显得晶莹清透。

此外,宋代还出现了面部的装饰品:贴片,如"妇人竞剪黑光纸团靥,又装镂鱼鳃中骨";还出现了香水,如"莹彻琉璃瓶外影,闻香不待蜡封开"。《铁围山丛谈》中提到一种蔷薇花香水:"异域蔷薇花气馨烈非常,故大食国蔷薇水虽贮琉璃缶中,蜡密封其外,然香犹透彻,闻数十步,洒著人衣袂,经十数日不歇也"。画眉也有专门的产品——"画眉七香丸"。在宋朝,如果不知道画什么样的眉形,那么不要烦恼,因为已有解决之法。陶毂《清异录》中记载了一位叫莹姐的平康妓,"玉净花明,尤善梳掠,画眉日作一样"。她做了百眉图,你每天随便选一种眉形画。美甲在宋朝也很常见,周密在《癸辛杂识续集》中说"今老妇人七八旬者亦染甲",足以说明美甲的普遍性。他还介绍了美甲的方法，有兴趣的可以尝试一下：凤仙花红者用叶捣碎，入明矾少许在内，先洗净指甲，然后以此敷甲上，用片帛缠定过夜。初染色淡，连染三五次，其色若胭脂，洗涤不去，可经旬，直至退甲，方渐去之。

女子竞相装扮，终于惹得王安石坐不住了。他向皇帝告状："闺门之内，奢靡无节。"这也从侧面反映出宋朝商业及女性消费市场的繁华。别以为贵族女子才这么爱打扮，其实寻常人家的女子也一样。有一首宋诗《田家谣》写道："中妇辍闲事铅华，不比大妇能忧家。"铅华就是铅粉，田家妇人爱涂铅粉，铅粉也就是宋朝的粉底。这两句将一位爱打扮的田家妇人的形象跃然纸上。

"捣练子，赋梅妆。镜里佳人敷粉忙。额子画成终未是，更须插向鬓云旁。"宋朝的女子可以拥有这么多美好的装束，每天都打扮得美美的，真是令人心驰神往啊！

在宋朝，不只是女子需要打扮，男子也需要打扮。一个好的化妆师凭借高超的技术会备受依赖。宋仁宗身为男子，他不需要像女人一样涂脂抹粉。但身为皇帝，一定要打扮得体，头发不仅要梳得整齐大方，还要让自己感觉到舒适。

《邵氏闻见录》中记载了一个宋仁宗与梳头宫女的故事，讲的是宋仁宗喜欢用导引术理发，有一个宫人擅长此技，颇得宋仁宗的喜欢。有一天散朝，宋仁宗命这个宫人理发。这时，宋仁宗的袖子里藏有章疏，有人读出来，原来是大臣批评皇帝"嫔御太多，宜少裁减"，嫔妃宫人太多，建议皇帝裁减点。其他人都不说话，但是梳头宫女有些恃宠而骄，她说京城里那么多官员都有小妾，升了官还要再添置，"只教渠辈取快活"。宋仁宗说台谏的话，哪能不听从啊。然后梳头宫女说，如果要这样，那就从我开始吧。

于是，梳头宫女很快就被赶走了。曹皇后问："掌梳头者，是官家所爱，奈何作第一名遣之？"宋仁宗说，这个人竟然劝说我拒绝采纳大臣的意见，她干涉政务，这样的人怎么能留在身边呢？

古代都说"女为悦己者容"，其实，女子打扮更是悦己。通过打扮，发现自己的美好之处。素面朝天，清新可爱；略施淡妆，淡然优雅；浓妆艳抹，明艳动人。不同妆容有不同的美丽，风流婉转，淡妆浓抹总相宜。男子也是一样的道理，打扮不打扮，都是个人的自由与选择，开心就好。

苏轼：我命苦，因为我是摩羯座

有些人很喜欢谈星座，认为什么样的星座就有什么样的命格，研究得头头是道。星座运势在一些人看来是子虚乌有的东西，但有人却对此深信不疑，认为星座又神秘又时髦。

许多人认为星座是近代的舶来品，实则不然。其实早在我国古代，就有对星座的记载。十二星座在古代叫"十二星宫"，据说是从古巴比伦传到希腊，然后由希腊传到印度，再由印度传到我国。在隋朝，僧人那连提耶舍带来一部经书《大乘大方等日藏经》，里面记载：

> 是九月时，射神主当；十月时，磨竭①之神主当其月；十一月，水器之神主

鎏金银摩羯　宋

---
①磨竭：即摩羯。

当其月；十二月，天鱼之神主当其月；正月时，特羊之神主当其月；二月时，特牛之神主当其月；是三月时，双鸟之神主当其月；四月时，蟹神主当其月；此五月时，狮子之神主当其月；此六月时，天女之神主当其月；是七月时，秤量之神主当其月；八月时，蝎神主当其月。

星宫名称和现在的十二星座名称不完全统一，有的和现如今星座名字对应。本土道教将其吸收，编入自己的经书，如由宋元道教灵宝东华派宗师宁全真传授，林灵真编写的《灵宝领教济度金书》就对十二星座有记载：

欲课五星者，宜先识十二宫及所属。寅为人马宫，亥为双鱼，属木；子为宝瓶，丑为摩羯，属土；卯为天蝎、戌为白羊，属火；辰为天秤、酉为金牛，属金；巳为双女，申为阴阳，属水；午为狮子，属日；未为巨蟹，属月。

此外，十二星座还被绘制在寺庙、洞窟、墓室等地方。在苏州宋代的瑞光寺遗址发现了刊刻的《大隋求陀罗尼经》，上面有十二星宫图的出现；敦煌莫高窟第61窟炽盛光佛图上也环绕着二十星宫的图像；在辽代张世卿墓室的穹顶上，也绘有十二星宫图。

古人给十二星座编排了神话形象，《无上黄箓大斋立成仪》中记载了十二尊神，即天秤宫尊神、天蝎宫尊神、人马宫尊神、磨蝎①宫尊神、双鱼宫尊神、宝瓶宫尊神、白羊宫尊神、金牛宫尊神、阴阳宫尊神、巨蟹宫尊神、狮子宫尊神、双女宫尊神。

古人不光了解星空，还会根据十二星宫来了解自己的命运。成书于宋代的《康遵批命课》就是一部有关星座命理的书，将十二星宫与个人运势连在一起。

---

①磨蝎：在古代星相学中，特指摩羯座。此星座被认为是不吉利的，象征着命运多舛。

卢仝在《月蚀诗》中说："岁星主福德，官爵奉董秦"，他说有些人命好，所以享受高官厚禄。周必大对占星达到迷信的程度，他在《与曾无愧》中说："某今年五月四日火星入限，与当生月孛相值，对照命宫，往来留逆，岁莫乃退，每以为惧；是日，遂觉感冒，畏风伏枕，何其神也！"他观天象，再对照命宫一看，运势不好，战战兢兢，结果真的感冒了，所以感叹真是神奇呀！

苏轼是个星座发烧友，他爱谈星座，在看了韩愈所讲的"我生之辰，月宿南斗。牛奋其角，箕张其口。牛不见服箱，斗不抱酒浆。箕独有神灵，无时停簸扬。无善名已闻，无恶声已谨。名声相乘除，得少失有馀。三星各在天，什伍东西陈。嗟汝牛与斗，汝独不能神"之后，发现他与韩愈同病相怜。于是说："我生之辰，月宿直斗。乃知退之磨蝎为身宫，而仆乃以磨蝎为命，平生多得谤誉，殆是同病也！"意思是，韩愈韩退之和我都是摩羯座，我们平生赞誉多，毁谤也多，真乃同病相怜呀！

苏轼在《东坡志林·书上元夜游》中，再次吐槽自己的星座："吾平生遭口语无数，盖生时与韩退之相似。吾命在斗间而退之身宫在焉。故其诗曰：'我生之辰，月宿南斗。'且曰：'无善声以闻，无恶声以扬。'今谤我者，或云死，或云仙。退之之言，良非虚耳。"

苏轼不光觉得自己命差，还嘲笑朋友马梦得，说他的命运更差。他说："马梦得与仆同岁月生，少仆八日。是岁生者，无富贵人，而仆与梦得为穷之冠者。即吾二人而观之，当推梦得为首。"苏轼说自己和马梦得同年同月生，但是马梦得比他晚出生八天，他俩都是穷鬼。在苏轼看来，马梦得比他更穷。

后人受苏轼的影响太大，认为摩羯座时运不济，命运多舛。尤其是当摩羯座人遇到不顺心的事时，就拿韩愈、苏轼自况。"庐陵四忠"之一的周必大在《青衣道人罗尚简论予命宜退不宜进，甚契鄙心，连日求诗，为赋一首》中说："亦知磨蝎直身宫，懒访星官与历翁。岂有虚名望苏子，谩令簸恶似韩公。"方大琮在《与王正字书》中说："枯槁余生，逢春已晚；奇穷薄命，任斗不神。惟磨蝎所莅之宫，有子卯相刑之说；昌黎值之而掇谤，坡老遇此以招谗。而况晚生，敢攀前哲。"他们的意思是：摩羯座命不好，韩愈、苏轼尚且如此，何况我们这些人，怎么敢攀前哲呢？反正命运不好，都是星座的原因。

巧的是，文天祥也是摩羯座，他写过一首《赠曾一轩》：

> 磨蝎之宫星见斗，簸之扬之箕有口。
>
> 昌黎安身坡立命，谤毁平生无不有。
>
> 我有斗度限所经，适然天尾来临丑。
>
> 虽非终身事干涉，一年贝锦纷杂糅。
>
> 吾家禄书成巨编，往往日者迷几先。
>
> 惟有一轩曾正德，其说已在前五年。
>
> 阴阳造化荡昼夜，世间利钝非偶然。
>
> 未来不必更臆度，我自存我谓之天。

与别人的听天由命不同的是，文天祥相信人定胜天。他说"未来不必更臆度，我自存我谓之天"，胸襟气度非一般人可比。

"磨蝎"成为文人士大夫郁郁不得志的代名词。后世许多人的诗中都谈及自己摩羯般的命运，如尹廷高《挽尹晓山》中"清苦一生磨蝎命，凄凉千古耒阳坟"、曾国藩的"诸君运命颇磨蝎，可怜颠顿愁眉腮"、李鸿章的"公到后当可昭雪，衰龄远戍磨蝎宫"。还有人喜欢与偶像找共同点，比如明代的高启，他发现自己不仅和韩愈、苏轼同为摩羯座，而且和苏轼同为丙子年出生的人。即"余后生晚学，景仰二公于数百载之上，盖无能为役，而命亦舍磨蝎，又与文忠皆生丙子"。

宇宙浩渺，星空璀璨。我们在埋头苦干的时候，不要忘了仰望星空。不受星座传说的影响，我自存我谓之天。

宋式抹胸：女子穿着既大胆又内敛

唐朝自由奔放，人们穿着大胆开放。而宋人比较保守，特别是有宋明理学的约束，女人都裹得严严实实的。事实真的如此吗？

宋代江休复的《江邻几杂志》中记载："妇人不服宽袴与襜，制旋裙必前后开胯，以便乘驴。其风闻于都下妓女，而士人之家反慕效之。"这是一种前后开衩的裙子，由妓女到士人之家的女子都爱。

宋人还有穿"裤袜"的，在当时叫"吊敦"，起源于匈奴的骑装。《东京梦华录》中记载，妙龄女童"结束如男子，短顶头巾，各着杂色锦绣撚金丝番缎窄袍，红绿吊敦、束带。"由此可见，宋人的穿着不仅不呆板，反而很有趣。

北宋诗人赵令畤的《蝶恋花》中有："锦额重帘深几许。绣履弯弯，未省离朱户。强出娇羞都不语，绛绡频掩酥胸素，黛浅愁红妆淡伫。"其中，"绛绡频掩酥胸素"就是说她穿着颜色比较素雅的丝质抹胸。在宋朝，各个阶层的女子都喜欢这样的着装打扮。

抹胸源于唐代的"诃子"，只施于胸而不施于背。宋代的抹胸类似现在的吊带背心，穿着性感时尚。抹胸做工精致，一般还要绣上图案，比如鸳鸯、花朵等。黄庭坚在《好儿女》中说："粉泪一行行。啼破晓来妆。懒系酥胸罗带，羞见绣鸳鸯。"词中的女子抹胸上绣的是鸳鸯。

抹胸还有一个百搭的穿法，那就是搭配褙子。

褙子是什么样的呢？最常见的是直领的。然后衣服两腋开衩。有长款，有短款。长款可以到膝盖附近，短款到腰部。一般没有扣子，穿着时不需要系带，任其敞开，露出抹胸。河南偃师酒流沟宋墓厨娘砖刻、宋墓壁画登封高村出土的《烙饼图》等，都能看见女性"抹胸＋褙子"的穿搭。褙子一般很轻薄，质地分为罗、绢、纱等。李清照《丑奴儿》中描述，她在晚上化着淡妆，穿着清凉，绛红薄绡的朦胧衬着雪白的肌肤，别有一番风韵。

《宋史》中，对后宫嫔妃的穿着进行过规定："后妃大袖，生色领，长裙，霞帔，玉坠子；背（褙）子，生色领皆用绛罗，盖与臣下不异。"

可见，下到市井，上至宫廷，女子都喜欢穿褙子。"绛绡频掩酥胸素""琼玉胸前金凤小"，褙子的洒脱搭配抹胸的羞涩，在宋代人看来，这种含而不露、犹抱琵琶半遮面的穿着更有魅力。而且抹胸与褙子的层叠会给人一种立体感，性感而不失庄重，可谓相得益彰、恰到好处。

在宋代，如果你不喜欢"抹胸＋褙子"这种两件套，也可以穿襦裙。襦裙一般是交领，裙子中间有飘带，飘带上常会佩戴一些装饰品。山西太原晋祠圣母殿的侍女像，穿襦裙的侍女神态端庄优雅，气质卓然。这些侍女像也是晋祠三绝之一。

宋代用色也比较内敛，多以淡雅为主。"天碧罗衣拂地垂，美人初着更相宜"，宋式审美下的美人淡扫蛾眉，体态婀娜，轻薄的罗衣及地，线条舒缓流畅，有"吴带当风"的飘逸灵动之气。如今看来，这份低调却不庸俗、简素却不鄙陋的精致穿搭，依然让人"遗情想象，顾望怀愁"。

广袖翩翩，然后君子：文人穿着有讲究

宋代文人的穿着往往是宽袍大袖，上衣下裳外套褙子是他们的典型穿搭。宽衣博带又不失风流典雅，他们认为这样穿大气。在《听琴图》中，抚琴人宋徽宗的穿搭是"上衣下裳"，上衣是指里面的白色短衣，下裳指的是裙子，再外搭一个褙子。褙子一般是大袖子，对襟。看上去仙风道骨，潇洒飘逸。

仔细观察《听琴图》就会发现，两个听琴人的穿着和宋徽宗所穿的款式不一样。那么，他们穿的是什么呢？据《宋史》中记载："襕衫以白细布为之，圆领大袖，下施横襕为裳，腰间有襞积，进士、国子生、州县生服之。"

这两个人穿的就是"襕衫"。这种衣服上面的领子是圆的，上身一般采用细布，下面是一个大裙摆。整体效果就像现在的连衣裙，腰间有一根束带。在当时，这种衣服受众很广。

宋代文人还喜欢穿道袍，从北宋画家乔仲常的《后赤壁赋图》中可以看出几个文人身穿道袍坐而论道的画面。北宋画家张激的《白莲社图》，与和尚一起参禅的文士也穿着道袍。穿道袍是宋代文人内在精神的外显，偏爱道袍，其实是对现实困境的一种精神超越，一种任灵魂遨游于天地间的向往。

除了穿着，宋代文人头上戴的也十分讲究。当时流行束冠，戴巾、帽。在《听琴图》中，宋徽宗就是束发的造型。

文人中还流行戴东坡帽。东坡帽是由苏轼改良的。这种帽子分为内外两层，内层瘦而高，外层较低。样子直挺挺的，有棱有角。北宋李廌《师友谈记》中记载："士大夫近年仿东坡桶高檐短帽，名曰子瞻样。"他还记载了一件事：

听琴图 北宋 赵佶

近扈从燕醴泉观，优人以相与自夸文章为戏者，一优丁先现曰："吾之文章，汝辈不可及也！"众优曰："何也？"曰："汝不见吾头上子瞻乎？"上为解颜，顾公久之。

苏轼和皇帝一起去看戏，台上的优人都争着说自己文采好。其中一个优人说："我的文章你们都比不过。"众人很纳闷，就问："为什么呀？"这个人回答："没看见我头上戴着子瞻帽！"皇帝听了，龙颜大悦。

南宋文学家洪迈的《夷坚志》中也提到"人人皆戴子瞻帽，君实新来转一官"。由此可见，东坡帽在宋代多么受欢迎。北宋李公麟创作的《西园雅集图》中，苏轼就戴着东坡帽。赵孟頫画的苏轼像，苏轼也戴着同款帽子。

宋代文人还喜欢戴幞头。沈括在《梦溪笔谈》中说："幞头一谓之四脚，乃四带也。二带系脑后垂之，二带反系头上，令曲折附顶，故亦谓之'折上巾'。"

幞头分软硬两种。根据后面带子的多寡、形状等，还出现了直脚、交脚、折脚等款式。沈括说："本朝幞头，有直脚、局脚、交脚、朝天、顺风，凡五等；唯直脚贵贱通服之。"

宋代文人戴的官帽，属于硬幞头，左右有两根长长的横着的硬杆儿。《宋史》中记载："天子常服戴折上巾，凡常朝、大宴、便坐皆戴。"据说发明这种帽子，是为了避免人们交头接耳。

宋朝文人的总体穿搭给人一种飘逸风流、倜傥旷达的之感。广袖翩翩，然后君子，这是宋代士大夫风度。

满身花绣，好时髦

宋朝是一个崇尚文身的时代。这可能与我们了解的古人"身体发肤，受之父母，不敢毁伤"的想法有出入。

在都城汴京，文身的人很多。《东京梦华录》中记载：

莫非锦绣盈都，花光满目，御香拂路，广乐喧空，宝骑交驰，彩棚夹路。绮罗珠翠，户户神仙；画阁红楼，家家洞府。游人士庶，车马万数。妓女旧日多乘驴，宣、政间惟乘马，披凉衫，将盖头背系冠于上。少年狎客往往随后，亦跨马，轻衫小帽。有三五文身恶少年控马，谓之"花腿马"。用短缰促马头刺地而行，谓之"鞅缰"。呵喝驰骤，竞逞骏逸。

"恶少年"多指街头的浮浪后生，他们文身为的是出风头。据《梦粱录》《都城纪胜》等文献记载，在宋朝有社团名曰"锦体社"。还有专门的文身师，在当时叫"针笔匠"，他们"设肆为业"。锦体社会定期举办活动，比比谁的文身好看，叫作"赛锦体"，获胜的人还能赢得一笔奖金。据南宋著名史学家王明清《挥麈后录》中记载，宋徽宗身边有个内侍叫李质，身上有一大片精美的文身，宋徽宗给他赐名"锦体谪仙"。

宋代高承《事物纪原》中记载："今世俗皆文身，作鱼龙、飞仙、鬼神等像，或为花卉、文字。"宋代朱彧《萍洲可谈》中说："在乡间见群丐中有刺青眉者。"可见，当时文身非常流行，花样繁多。

关于文身，还需要知道的是：古代有一种刑罚，就是一种小面积的文身，叫"黥刑"。对于犯了法的人，会在脸上文个刺青或字，这个人一辈子就得带着这种耻辱生活下去，走到哪里大家都能看得到。

《宋史》中记载："凡犯盗，刺环于耳后：徒、流，方；杖，圆；三犯杖，移于面。径不过五分。"这里规定了犯人刺字的位置、大小、形状。《宋会要》中记载："自今强盗抵死特贷命之人，并为额上刺'强盗'二字，余字分刺两脸。若额上曾经刺字者，即元系贷命之人，不须更行追会。"

根据犯法类型的不同，脸上要刺不同的字。《宋会要》中记载："负犯人刺面者，多大刺文字，毁伤既甚，深可哀矜。自今官吏点检，如有违越，委所司觉察闻奏，永为定制。"由此可见，宋人深以刺字为苦。刺字对一个人的毁伤是身体和精神的双重打击。那时的消毒技术等医疗条件都很差，也有人因刺字被感染致死。

有些军队采用文身的方式来做识别，这就是刺涅为兵的制度。但是军人毕竟不是罪犯，不会像犯人一样文得那样明显。比如宋仁宗初年，河北东路招募的兵都会在脸上刺两个小小的字——指挥。也有手背、胳膊上刺字的军队。富弼在《范文正公仲淹墓志铭》中记载，范仲淹在调任陕西庆州路经略安抚招讨使时，按照朝廷规定要实施刺涅，"人惧甚，窜匿不愿黥"。于是范仲淹就改为涅刺其手。南宋庄绰《鸡肋编》中记载，张俊的军队往往挑选那些年富力强的士兵，从他们的臀部到腿上文上花纹，称之为"花腿"，这样做既能显示其队伍的荣耀，激扬士气，震慑敌军，还能防止士兵逃跑。

在武将里，文身成为一种彰显英雄气节的血性男儿的象征。据传，岳母在岳飞后背上刺了四个字"尽忠报国"，鼓舞儿子报效国家。抗金名将王彦率领部下抵御金兵，立下汗马功劳。他的部下人人都在脸上刺"赤心报国，誓杀金贼"八字以表示对大宋的忠心，所以他的部队也叫"八字军"。南宋笔记小说《夷坚志》中提道："忠翊郎王超者，太原人，壮勇有力，善骑射，面刺双旗。"

虽然文身如此普遍，但许多士大夫认为文身有伤风化，坚决予以抵制。皇室成员也有文身的，于是朝廷下禁令宗室子弟"不许雕青"。

文身，是宋代审美的转变，彰显人们对身体美的追求。文身像宋朝的一个缩影，浓缩了宋朝恢宏的精神面貌与穷途末路的凄凉孤苦。它也像横亘在南北宋之间的靖康耻一般的烙印，将荣辱烙于身上，也烙于宋人心上。

簪花不自羞：大宋男子如此"花痴"

鲜花配美人，李清照有词云："卖花担上，买得一枝春欲放……云鬓斜簪，徒要教郎比并看。"然而，宋朝的男人也喜欢在头上戴花。

沈括《梦溪笔谈》中记载了"四相簪花"的故事。宋仁宗庆历五年（1045

年），韩琦在扬州做太守时，发现官署的花园里有一种芍药开得非常好，这种芍药是红色的，中间是一圈金黄蕊，所以又叫"金缠腰""金带围"。韩琦邀请三个同僚一同欣赏，顺手把花剪下来，分别别在自己和他们的头上。那三个人是王安石、王珪和陈升之。四朵花，戴在四个人的头上。巧的是，这四个人后来都先后做了宰相。

如果说像韩琦、王安石这样文质彬彬的，戴朵花无妨。但市井之人也簪花，是不是有些格格不入呢？

其实不然，宋人簪花不分阶层，男女老少都可以。邵伯温在《邵氏闻见前录》中说"虽贫者亦戴花饮酒相乐"。欧阳修《浣溪沙·堤上游人逐画船》中有"白发戴花君莫笑，六幺催拍盏频传。人生何处似尊前"。许棐《喜迁莺·鸠雨细》中有："一春梳洗不簪花，辜负几韶华。"如果不簪花，人们总觉得辜负了好时光。

为什么会如此呢？这与皇上的爱好和法制的规定分不开。

宋徽宗就是个爱花惜花者。《都城纪胜》中记载他出游时，"御裹小帽，簪花乘马"，还要求随行人员戴花。《宋史》中记载："中兴，郊祀、明堂礼毕回銮，臣僚及扈从并簪花，恭谢日亦如之。"又载"酒五行，预宴官并兴就次，赐花有差。少顷，戴花毕，与宴官诣望阙位立，谢花，再拜讫，复升就坐"。周密《武林旧事》中记载，在宋高宗大寿的御宴上，"自皇帝以至群臣禁卫吏卒，往来皆簪花"。可见，在祭祀、出行、宴会等重大活动时，簪花都必不可少。

杨万里在他的两首诗作中都描述了皇帝给臣子赏花的情景：

正月五日，以送伴借官侍宴集英殿，十口号·其九

广场妙戏斗程材，未得天颜一笑开。

角抵罢时还宴罢，卷班出殿戴花回。

四相簪花图　明　仇英

德寿宫庆寿口号·其三

春色何须羯鼓催，君王元日领春回。

牡丹芍药蔷薇朵，都向千官帽上开。

可见，皇帝赐给臣子花并不是什么新鲜事，而是一种政治手段。这对于被赏花的大臣来说，是一种恩德，他们会心存感激。当然，赐花有规格之分。《宋史》中记载："大罗花以红、黄、银红三色，栾枝以杂色罗，大绢花以红、银红二色。罗花以赐百官，栾枝，卿监以上有之；绢花以赐将校以下。"《梦粱录》中说："其臣僚花朵，各依官序赐之：宰臣枢密使合赐大花十八朵、栾枝花十朵……自训武郎以下、武翼郎以下，并带职人并依官序赐花簪戴。快行官帽花朵细巧，并随柳条。"《武林旧事》中记载："惟有至尊浑不戴，尽将春色赐群臣。"簪花体现了皇权的至高无上、贵族等级的区分。

王辟之《渑水燕谈录》中记载：晁文元受到皇帝赐牡丹以及亲手为其插

带着指南回大宋

花的待遇，这是无上的荣耀。寇准也享受过这样的荣耀，据吴曾《能改斋漫录》中记载，宋真宗曾经赐给寇准一朵奇花，说"寇准年少，正是戴花吃酒的年岁"。

如果皇帝赐花，自己不想戴，给别人戴行不行？当然不行。很多官员不习惯戴花或不喜欢戴花，就把花让自己的侍从戴，这样做会遭到御史的谏言。《宋史》中记载，宋仁宗庆历七年（1047 年），御史言："凡预大宴并御筵，其所赐花，并须戴归私第，不得更令仆从持戴，违者纠举。"

所谓"上之所好，下必从之"，民间也喜欢簪花。"游人如织，子弟多有簪花者。"欧阳修《谢观文王尚书惠西京牡丹》中说："京师轻薄儿，意气多豪侠。争夸朱颜事年少，肯慰白发将花插。"簪花，他们是狂热的。

百姓会根据时令插不同的花，据《东京梦华录》中记载，百姓"上元夜戴闹蛾、玉梅、雪柳；端午节戴茉莉；立秋戴楸叶；重九簪菊"。欧阳修《洛阳牡丹记》中记载：牡丹盛开时节，"城中无贵贱，皆插花，虽负担者亦然"。《西湖老人繁胜录》中记载，端午"茉莉盛开，城内外扑戴朵花者，不下数百人"。据《梦粱录》中记载，立秋"都城内外，侵晨满街叫卖楸叶，妇人女子及儿童辈争买之，剪如花样，插于鬓边，以应时序。"周密《乾淳岁时记·重九》中记载，重阳节"都人是日饮新酒，泛萸簪菊"。

在宋代，结婚的时候要簪花，《东京梦华录》中记载，"众客就筵，三杯之后，婿具公裳，花胜簇面"；做寿的时候要簪花，邓剡词《八声甘州·寿胡存齐》中有"笑钗符、恰正带宜男。还将寿花簪"；表演的时候要簪花，"簪花幞头"是民间艺人的装扮行头……

簪花如此盛行，于是民间就有了为方便簪花的帽子。《鸡肋编》中记载，"市中亦制僧帽，止一圈而无屋，欲簪花其上也"，这种帽子留着头顶部分簪花，想必销量不会太差。梅尧臣说"欲插为之醉，但惭发星星"，他若买一顶这样的帽子，定能派上用场。需要说明的是，宋朝的簪花不一定都是鲜花，也有人造花。人造花形态逼真，宋代词人蔡士裕在《金缕曲·罗帛剪梅缀枯枝，与真无异作》中夸耀说："怪得梅开早。被何人、香罗剪就，天工奇巧。"

宋人爱簪花，是陆游笔下"为爱名花抵死狂，只愁风日损红芳"的张扬个性、冲破桎梏的自由；是苏轼笔下"人老簪花不自羞，花应羞上老人头。醉归扶路人应笑，十里珠帘半上钩"的乐观豁达、肆意逍遥的旷达；是陈师道笔下"一枝剩欲簪双髻，未有人间第一人"的渴慕立业、壮志未酬的惆怅；是赵时韶笔下"三五年时折桂来，也曾班底戴花回。而今四十还流落，却被人呼老秀才"的愤懑不平、生不逢时的慨叹……

风流总被雨打风吹去，簪花人或放浪形骸，或纵情恣肆，都是因寄所托，是宋朝一个时代的象征，更令后人心向往之。

第三章

左手执酒，右手饮茶：恣意的宋朝光阴

大宋朝，从一杯酒开始

据《宋史》中记载，宋太祖建隆二年（961 年）七月，宋太祖赵匡胤和亲信石守信、王审琦等喝酒。喝到酣畅时，赵匡胤突然把左右屏退了。他向将领们大吐苦水："若不是靠你们，我也到不了现在的地位。但是我现在当了皇帝，还不如当初做节度使的时候快乐。我终日都睡不好，不能睡个安生觉。"

石守信等人一听这话，赶忙磕头，说道："现在天命已定，谁还敢有异心呢？陛下您何出此言？"

赵匡胤说："人人都想要荣华富贵，一旦你们的部下也用黄袍披在你们身上，你们虽然不想这样，但是那时候也无可奈何呀。"

石守信等人赶忙叩头道："臣等愚钝啊，还求陛下给我们一条活路。"

赵匡胤说道："人生就像白驹过隙，过得非常快。不如给子孙多留点儿家业，让他们生活无忧。你们天天行乐活一辈子，我们君臣之间也不用互相猜忌，再结个儿女亲家，这样不是也挺好的吗？"

石守信等人赶忙谢恩。第二天，众人都佯称自己病了，请求交回兵权，赵匡胤应允了。然后给他们一些散官当当，赏赐给他们丰厚的金银财宝。

赵匡胤用一个酒局就将兵权收回来了，兵不血刃，还留给曾经的功臣们数不尽的荣华富贵。"飞鸟尽，良弓藏。狡兔死，走狗烹。"宋太祖并未像其他开国皇帝一样大杀功勋，而是采取了一种更为温和的方式，这种温柔含蓄悄悄影响到后世。比如，宋朝不杀文官，即便官员被流放千里，性命还是保得住的。

武将们释去兵权，沉迷享乐，极大地促进了酒文化的发展，也为宋朝的积弱埋下伏笔。可以说，一杯酒正在悄悄地改变着宋朝的未来。

翻看《清明上河图》，随处可见酒旗、彩楼欢门、酒坛子、脚店、正店，人们可以随时享受"径须沽取对君酌"的快意。宋朝从上到下，好酒成风。宋太祖赵匡胤就是一个酒爱好者。司马光在《涑水纪闻》中记载，宋太祖经常对别人说："朕每日宴会，承欢致醉，经宿未尝不自悔也。"看来宴会上推杯换盏，连皇帝也很难不贪杯。

说到酒，大家可能会想到苏轼。他怀念亡妻的时候"酒酣胸胆尚开

踏歌图　南宋　马远

张"，他中秋夜"把酒问青天"，他苦闷时说"诗酒趁年华"……也许我们以为苏轼很能喝酒，实则不然。他曾经对人说："予虽饮酒不多，然而日欲把盏为乐，殆不可一日无此君。"

与苏轼并称的豪放派词人辛弃疾，酒量非常大，也经常喝得酩酊大醉。喝醉后雄心壮志在胸中翻腾，他"醉里挑灯看剑，梦回吹角连营"；回忆昔日中秋，他"杯且从容，歌且从容"；他还和松树较劲儿，醉倒松树边，却"只疑松动要来扶，以手推松曰去"。常年豪饮的辛弃疾，"甚长年抱渴，咽如焦釜；于今喜睡，气似奔雷"，他的老婆勒令他戒酒，在窗户上题满了劝他戒酒的话。为此，他写下一首《定风波》：

昨夜山公倒载归，儿童应笑醉如泥。试与扶头浑未醒，休问，梦魂犹在葛家溪。

欲觅醉乡今古路，知处：温柔东畔白云西。起向绿窗高处看，题遍；刘伶元自有贤妻。

奉旨填词的柳永整日游走在勾栏瓦肆，周旋于歌伎之间，自然少不了与酒为伴。酒入愁肠，他不知道醉倒何处，又不知"今宵酒醒何处"；对别人的敬酒，他笑纳之，"无限狂心乘酒兴"；他的寂寞无处排遣，只能慨叹"狎兴生疏，酒徒萧索，不似少年时"。不知是酒勾起了柳永抑郁痛苦的心绪，还是柳永将落寞与失意凝在了杯酒之间。

才女李清照也爱饮酒，从小喝到老。少女时期的李清照出外游玩时，沉醉不知归路，结果误入藕花深处，然后拼命划桨，一群鸥鹭受惊飞起，她高兴得不得了。

李清照有多爱喝酒？碰到雨疏风骤的恶劣天气，她昏昏沉沉地睡一夜，酒劲儿尚存；有时候，她沉浸在某种气氛中，酒不醉人人自醉，"莫许杯深琥珀浓，未成沉醉意先融"；与丈夫分离后，她问道："酒意诗情谁与共？"；国破家亡丧夫之后，她更是感受到万分悲苦与凄凉，冷冷清清，凄凄惨惨戚戚。这时候，喝酒也止不住内心的痛苦："三杯两盏淡酒，怎敌他、晚来风急！"

宋真宗朝有个大酒鬼石延年。据《宋史》中记载，石延年曾与刘潜在王氏酒楼对饮。他们两个人喝酒非常有意思，不说一句话，只是闷头喝。酒店老板王氏看到后，觉得他们不是常人，便端上来一些美酒佳肴。两个人神情自若地饮酒，到了晚上脸上都没有酒色，然后相依而去。到了第二日，人们都传王氏酒楼有两个仙人来喝过酒。

沈括在《梦溪笔谈》中也谈到石延年嗜酒这件事，不过更为夸张。说石延年和刘潜对饮，喝到半夜，酒要喝完了，环顾他们喝酒的船上有醋斗余，然后就把醋倒入酒中一起喝。第二天，酒和醋都喝完了。

石延年就是这样一个放纵不羁、爱喝酒的人，天天喝得烂醉如泥。宋仁宗爱惜他的才华，便对辅臣说，想要他戒酒。石延年听说后开始戒酒，但是"因不饮，遂成疾而卒"。他戒酒成功了，但也因此丢了性命。他真正做到了我为酒狂。

浔阳楼，这样的酒店几星级

人常说，吃饭要讲究排场，在大宋也是如此。去正儿八经的酒楼品尝店里的拿手菜，不失为一乐事。

在江州，就有一个名店——浔阳楼。为什么说它是名店呢？因为它声名远播，匾额"浔阳楼"三个大字是文坛领袖苏轼写的。它坐落在江州城数一数二的白苹渡口，时闻渔父鸣榔；楼畔绿槐啼野鸟，门前翠柳系花骢。它的建筑风格雄浑，雕檐映日，画栋飞云。它高耸挺拔，倚青天万迭云山。它前有激荡的浔阳江，翻瑞雪一江烟水。

在宋代，酒楼有两个明显的标志。一个是"彩楼欢门"，一个是酒旆。"彩楼欢门"是用竹竿搭建的门楼，上面装饰彩帛，远远看上去十分醒目。《东京梦华录》中说："凡京师酒店，门首皆缚彩楼欢门。唯任店，入其门，一直主廊。"酒旆就是酒旗，洪迈《容斋续笔》中说："今都城与郡县酒务，及凡鬻酒之肆，皆揭大帘于外，以青白布数幅为之。"

浔阳楼也不例外，酒楼外望竿上挂着一面青布酒旆子，写着"浔阳江正库"五个大字，门边还有朱红华表，柱上两面白粉牌，各有五个大字——"世间无比酒""天下有名楼"。

如果上浔阳楼，当然要选一个看江景的"阁子"。阁子类似现在的包间。一在阁子坐下，就有酒保上来招待，恭恭敬敬地询问要吃什么。一会儿，酒菜就上全了。如果你点菜拿不定主意，给个大概的方向，酒保也能帮你点好。

《宋史》和欧阳修的《归田录》都记载过这一趣事：

鲁宗道住的地方离酒肆很近，他经常偷跑出去小酌一杯。遇到宋真宗急召的时候，宫使等半天才等到鲁宗道回来。宫使好心提醒："皇上怪罪你来迟的话，我该怎么说，怎么帮你圆这个谎？"鲁宗道让宫使实言相告。

皇帝诘问鲁宗道。鲁宗道说："我家里穷，没有器皿，酒肆什么都具备，宾至如归。"

大臣如此回答，想必皇帝也很无奈吧！

宋朝的酒店，有无规格之分？我们看《清明上河图》就会发现，有的店是正店，有的店是脚店，这有什么区别呢？

《东京梦华录》中说："在京正店七十二户，此外不能遍数。其余皆谓之'脚店'。"正店在东京只有七十二家店，但是脚店数不尽。它们的区别在于有无酿

浔阳八景图·其一　明　唐寅

带着指南回大宋

酒权。正店是可以酿酒的大酒楼，而脚店的酒只能从正店批发。

有些乡村的酒肆也可以酿酒，因其利润薄，朝廷便不对其太过管控。柳永曾作词："望中酒旆闪闪，一簇烟村，数行霜树。残日下，渔人鸣榔归去。"他所描述的就是乡村酒肆。

正店、脚店、乡村酒肆都是私营的，朝廷为了促进酒的销售，还设置了官营酒店，即酒库附属酒店。杭州的太和楼就是其中一例，有一首题壁诗讲的就是太和楼的热闹："太和酒楼三百间，大槽昼夜声潺潺。千夫承槽万夫瓮，有酒如海糟如山。"据《都城纪胜》中记载，南宋临安的太和楼、西楼、和乐楼与春风楼都属于官营酒库。

这些大型的酒店，不光能自酿酒，服务还好。大型酒店通常会找一些歌伎充牌面。《东京梦华录》中记载："浓妆妓女数百，聚于主廊槏面上，以待酒客呼唤，望之宛若神仙。"只要你的钱到位，就有歌伎陪你饮酒作乐。

在酒楼喝酒，要是请不起陪酒的歌伎，也不会感到寂寞，还有一些人在下面吹拉弹唱玩杂耍谋生，这类人叫"赶趁"。还有供香的"香婆"，酒店不排斥外来卖小食的，他们叫作"厮波"。要是吃饭发现没带银子，或者想找一个歌伎，可以让"闲汉"去做，这就是大宋的"跑腿"。当然，你得付点跑腿费。

在酒店喝酒，一般都用银器。宋话本《俞仲举题诗遇上皇》中，俞良到丰乐楼，酒保给他跟前放置的酒缸、酒提、匙、箸、盏、碟全是银的。酒店可不是看人下菜碟，看你身份尊贵才给你用银器，而是一视同仁。据孟元老所述："大抵都人风俗奢侈，度量稍宽。凡酒店中，不问何人，止两人对坐饮酒，亦须用注碗一副，盘盏两副，果菜楪各五片，水菜碗三五只，即银近百两矣。虽一人独饮碗遂，亦用银盂之类。"

无论你是开心还是不开心，在大宋的酒楼，都能找到安慰与寄托。你可以呼朋引伴，有脂粉相陪，在觥筹交错间将空虚填满。你也可以"一片春愁待酒浇"，在烛光灯影里将心事凝到指尖，让哀愁随着酒意流走。

今宵酒醒北宋处：宋派出美酒，能饮一杯无

宋朝鼓励酒的销售和生产，宋人也爱喝酒。翻开《清明上河图》，就可以看到开封的正店、脚店数量很多，有的酒肆门前就立着酒桶卖酒。《全宋词》中，统计和酒有关的词频，不下两万首。司马光则说开封"家家花启户，处处酒飘帘"。

南宋时，钱塘有官酒库，清明开煮，中秋节前售卖。为了吸引人前来购买，"先期以鼓乐妓女迎酒穿市，观者如潮"。杨炎正有一首诗《钱塘迎酒歌》描述的便是妓女迎接叫卖官酒等大型的临安官酒宣传活动：

钱塘妓女颜如玉，一一红妆新结束。

问渠结束何所为，八月皇都酒新熟。

酒新熟，浮蛆香，十三库中谁最强。

临安大尹索酒尝，旧有故事须迎将。

翠翘金凤乌云髻，雕鞍玉勒三千骑。

金鞭争道万人看，香尘冉冉沙河市。

琉璃杯深琥珀浓，新翻曲调声摩空。

使君一笑赐金帛，今年酒赛真珠红。

画楼突兀临官道，处处绣旗夸酒好。

五陵年少事豪华，一斗十千谁复校。

黄公垆下谩徘徉，何曾见此大堤倡。

惜无颜公三十万，往醉金钗十二行。

宋朝的酒业如此繁华，吸引众人争相买醉。我们不禁要问，大宋都有什么

美酒？

宋太祖喜欢喝蒲州酒。据南宋朱弁《曲洧旧闻》中记载，"内中酒，盖用蒲中酒法也，太祖微时喜饮之。即位后，令蒲中进其方，至今用而不改"。赵匡胤在未发迹时去过蒲州，喝到他们的酒，至此念念不忘。

宫廷中还有一种美酒叫苏合香酒，据沈括《梦溪笔谈》中记载，太尉王文正身子比较弱，"气羸多病"。宋真宗就赐给他一瓶药酒，让他空腹喝下去。喝过后不久，王文正果然感觉神清气爽。他向皇帝谢恩时，宋真宗非常高兴，告诉他苏合香酒是一种药酒，能和气血、辟外邪。

据《武林旧事》中记载，蔷薇露酒和流香酒是大内酿造的酒，只能给皇家享用，不能往外销售。如果有人偷偷卖出去，会被"刺配远恶州军牢城"。所以在宋朝，除非你是皇亲国戚，否则，很难喝到这两种美酒。

宫中后妃也有擅酿酒的。张能臣的《酒名记》里记载，后妃家的名酒有：高太皇香泉、向太后天醇、张温成皇后醽醁、朱太妃琼酥、刘明达皇后瑶池、郑皇后坤仪、曹太皇瀛玉。

除此之外，宰相、亲王、戚里、内臣、府寺都在酿美酒。比如蔡太师庆会酒、王太傅膏露酒、郓王琼腴酒、肃王兰芷酒、钱驸马清醇酒、杨开府美诚酒、开封府瑶泉酒等。

市面上的正店允许自酿酒，比如樊楼有美酒眉寿、和旨，忻乐楼有美酒仙醪，和乐楼有美酒琼浆，遇仙楼有美酒玉液，高阳店有美酒流霞，清风楼有美酒玉髓，潘楼有美酒琼液，邵宅园子正店有美酒法清，郭小齐园子正店有美酒琼波等。

各个地方都出产美酒。北京产香桂酒、南京产桂香酒、郑州产金泉酒、赵州产瑶波酒、淮南扬州产百桃酒、湖州产碧澜堂酒、兖州产莲花清酒等。

据《东京梦华录》中记载，宋徽宗朝，开封曲院街酒坊的银瓶酒和羊羔酒是当时的好酒。"银瓶酒七十二文一角，羊羔酒八十一文一角。"算是当时价格比较昂贵的酒了。难怪苏轼说"试开云梦羔儿酒"待客。

好酒要配好诗，有一种冰堂酒，产自滑州。黄庭坚感叹："冰堂酒好，只恨银杯小。"苏轼在《送欧阳主簿赴官韦城四首》中写道："使君已复冰堂酒，更劝重新画舫斋。"苏轼在《洞庭春色赋》的序言中称赞黄柑酒："安定郡王以黄柑酿酒，名之曰洞庭春色。"对于浔阳楼的蓝尾酒，苏轼说过："蓝尾忽惊新火后，遨头要及浣花前。"

宋代的酒色泽可谓花花绿绿，一点儿也不输现在的鸡尾酒。"天台红酒须银杯，清光妙色相发挥"，天台红酒可能是红色的。张耒在田家饮用过白色的酒，"社南村酒白如饧，邻翁宰牛邻媪烹"，乡村美食配美酒，别有一番滋味。道人白玉蟾就喝过白色、红色、黄色、绿色的酒，有诗为证："白酒黄封冽以妍""酒杯满泛榴花色""闲倾一盏中黄酒，闷扫千章内景篇""酒色酤来竹叶青"。

宋人饮酒，多为黄酒，即以粮食酿造的低度数酒。杨万里《生酒歌》中的描绘颇精，其诗曰：

生酒清于雪，煮酒赤如血，煮酒不如生酒烈。煮酒只带烟火气，生酒不离泉石味。石根泉眼新汲将，曲米酿出春风香。坐上猪红间熊白，瓮头鸭绿变鹅黄。先生一醉万事已，那知身在尘埃里。

在酿酒的工序里，经过蒸煮的酒被称为"煮酒"，未经蒸煮而酿成的酒被称为"生酒"或"清酒"。

有人爱喝酒，自然也有人钻研酿酒，比如朱肱著有《北山酒经》，范成大著有《桂海酒经》，林洪著有《新丰酒法》，苏轼著有《东坡酒经》，等等。

宋代的果酒品种也很多，比如葡萄酒，陆游有诗云"如倾潋潋蒲萄酒，似拥重重貂鼠裘"，喝了葡萄酒让人感觉暖烘烘的；比如椰子酒，李纲《椰子酒赋》说此酒"酿阴阳之细缊，蓄雨露之清泚。不假曲糵，作成芳美"；比如荔枝酒，黄庭坚《荔支^①绿颂》中说其"三危露以为味，荔支绿以为色"，喝后能"扬大夫之拓落，陶徵君之寂寞"。此外，田锡的《曲本草》还提及枸杞酒、菊花酒、桑椹酒等。

喝酒有时能起到怡情的作用，但宋人饮酒成性，多为排遣内心的苦闷。尤其是宋室南渡之后，宋人眼看山河破碎却无能为力，只能寄情于诗酒来告慰自己的灵魂。

一言不合就斗茶

古有兵战，有舌战，也有朝堂博弈之心理战。到了宋朝，更是产生了一种上起皇帝显贵，下至乡间百姓，无不好此一斗的"茗战"。"茗战"就是斗茶，是一种颇有韵味的竞争。斗茶始于唐代，据唐代文人冯贽所著的《记事珠》，斗茶习俗最先兴起于福建一带。一开始，人们为了品评贡茶的优劣，就在山野产茶之地，荷柴烧水，精挑茶器，来鉴别茶叶的品质和茶艺的高低。到了宋朝，文人的地位提升，刺激了社会对文雅技艺的进一步探索，于是斗茶蔚然成风。

没有茶文化的广泛传播，就没有宋朝斗茶习俗的蒸蒸日上。宫廷赐茶对茶文化的影响尤为巨大。不管是大臣、学官、太学生，还是外国来使，接受了皇帝的赐茶，若是不研习一番茶艺，岂不是太不把皇上的恩典放在眼里了？而且隔三岔五就会有一场大型的宫廷茶宴，若是不甚讲究，饮茗如酒，岂不有放荡无拘之嫌？另外，地方官常常要给皇帝进贡当地的名茶，若是自己是一知半解，怎能选出上品？

在精研茶艺这方面，丁谓堪称宋代茶人典范。他曾经创制了大龙团茶（简

---

①荔支：即荔枝。

撵茶图　南宋　刘松年

称"大龙团"），还写了本茶学专著《建安茶录》。他与创制小龙团茶（简称"小龙团"）的蔡襄并称"前丁后蔡"。蔡襄以被苏轼推为"本朝第一"的书法而闻名，同时也是个不折不扣的"茶博士"，以一部《茶录》闻名天下。蔡襄担任福建转运使时，创制了小龙团饼茶，进贡给宋仁宗并闻名于当世。根据宋人叶梦得在其笔记中的记载，小龙团茶一年进贡十斤，每斤十饼。难怪文学家欧阳修大叹此茶："其价值金二两，然金可有而茶不可得。"这位庐陵醉翁在《龙茶录后序》中谈及宋仁宗对小龙团茶的喜爱，一次皇帝在南郊行致斋之礼时，给重要的八位大臣分了一块小龙团茶，这八位大臣的反应可谓十分小心，他们"分割以归，不敢碾试，相家藏以为宝"。后来小龙团产量提高，欧阳修幸运地被赏了完整的一块，过了三年仍完整收藏。

后来的宋人斗茶时，有时会提起欧阳修藏茶的典故，并调侃一番。宋代诗人唐庚曾作《斗茶记》，谈及自己某一天与两三友人在寄傲斋斗茶。他是最终的

带着指南回大宋

品评官，直言某个福建人所带的茶叶品质最好，却只能排在第三。因为茶贵在其新，像欧阳修那样长期收藏而不饮，哪里还是茶呀。而且新茶要配活水，唐朝的李卫公曾千里取惠山泉水来喝茶，取到以后早已不是活水了。所以，喝茶极荒谬的方法就是千里取水煮陈年老茶，不仅影响滋味，还劳心劳力，从根本上失去了饮茶的闲适之感。

可见斗茶不仅斗茶艺，还品评与茶相关的文化典故，同时也会搏一搏情怀。对某些失意的文人来说，这种情怀可能是最重要的。

当然，民间斗茶还是以茶艺为先。而茶艺的主要品评标准在于汤色和汤花。汤色就是茶水的颜色。汤色以纯白为佳，以黄白为末。汤花则是茶水泛起的泡沫。若汤色为纯白，则汤花泛起之后也呈鲜白色，其后会出现水痕。水痕出现得越早，说明茶艺越精。斗茶的赛制为三局两胜，比较胜负时，品评者通常会说"相差几水"，然后决出高下。

火候的掌握也是斗茶的关键技巧之一。火候不够，则汤色偏青；火候太过，则汤色泛黄。温庭筠《采茶录》中说："茶须缓火炙，活火煎。"缓火炙茶是针对陈茶而言，蔡襄《茶录》中认为，陈茶色香味皆陈，要用沸水浸润，刮去浮起来的膏油，然后放入相应的炙茶工具中，以微火炙干。其实就跟现在冲泡陈茶时要先洗茶是一个道理。活火煎茶，也很讲究。首先，燃料要讲究，陆羽在《茶经》中说"其火用炭，次用劲薪"，不能用朽木和污炭来煎茶，否则烟熏火燎，影响品茶之清雅。其次，要讲求"三沸之法"。第一沸是"如鱼目，微有声"，第二沸是"缘边如涌泉连珠"，第三沸是"腾波鼓浪"。水三沸之后，就可以用来烹茶了，这样煮的茶不嫩也不老，火候得宜，最为清香。

掌握好沸水的程度之后，就要开始点茶了。点茶的学问更是繁复，精于此道者多为当时的名流。点茶者要先取适量的茶粉，用三沸之水调匀，一边搅拌，一边添水，还要用茶筅击拂以产生汤花。这时候斗茶之局基本上已经高下可判了。如前面所讲，茶艺之品评就在于这汤花和汤色。但斗茶是否获胜，自然还是要轮流品尝，综合性地做出评比的，火候、汤色、汤花、茶的品相、汤的香醇度、茶具的选取，每一环节都上乘者为佳。斗茶者，也往往追求全盘，希望不落一格。

与斗茶相对应的，当然就是文人的独啜了。回想千年大宋，文人黄庭坚曾立于院前，口吟《满庭芳》，用珍贵的鹧鸪斑盏饮茶消遣，直言茶中滋味醇美，是"一种风流气味，如甘露，不染尘凡"。这心境乃是黄庭坚多年"江湖夜雨"的经历生发出来的，其实既然大文豪独自用金杯品茗，倒不如去茶肆，秀上一段"三沸"功夫，在斗茶中品得江湖风流，人间百味，岂不逍遥快活又自在？

王朝百老汇：茶肆里的"声色犬马"

茶肆在唐代已经出现，但是并未普及。到了宋代，饮茶、斗茶之风兴起，商品经济进一步发展，茶肆才遍布全国，为大宋朝的市民生活增添了几分情趣。

茶肆的经营与活动涉及社会生活的很多方面。为了吸引顾客，茶肆老板可谓煞费苦心，"插四时花，挂名人画"，提升茶肆格调；用奇松异桧来装点门面；表演小节目来吸引顾客；还在夜市上用车担设一个浮铺，点茶汤以方便游观的人饮用。

如果想在众多茶肆中脱颖而出，就得推出新品。据《梦粱录》中记载，茶肆四季售卖奇茶异汤。冬天里花样更多，"添卖七宝擂茶、馓子、葱茶，或卖盐豉汤"；夏天就往解暑方向发展，"添卖雪泡梅花酒，或缩脾饮、暑药之属"。

茶肆并不是纯粹喝茶的地方，而是为一些人提供了社交的场所。比如一些富贵人家的子弟或者是下班后的官员，在茶肆"习学乐器或教练歌唱之类"；一些伎人在此聚会……

好的茶肆不仅能供给优质的茶汤，还可以经营人情，甚至捕捉第一手的社会信息。宋人陈师道在《后山丛谈》中记载，宋太祖赵匡胤灭了后蜀之后，收缴了一大批金银玉器和书画等宝贝。然后把蜀宫画图赐给东门外茶肆以供百姓观瞻。能承接这种"御赐"的茶肆，自然生意红火，知名度高。但其他茶肆便无如此殊荣，只能借着茶汤的名义，做一些人情买卖。据《梦粱录》中记载："人情茶肆，本非以点茶汤为业，但将此为由，多觅茶金耳。"

一般的人情茶肆，都有三教九流往来，消息传播极为便利。王明清《摭青杂说》中讲的一个故事，就体现了茶肆顾客的多样。故事说，一个士人在樊楼旁边的茶肆丢了金子，茶肆主人带他上楼去取，看到在一个收纳遗失之物的小棚楼里，有着各色物什，包括纸伞、木屐、衣服、器皿等。每件物品还都各自贴着标签，或是僧道妇人，或是官员、秀才、吏人等，后面还附有遗失的日期。这说明出入茶肆的人身份多样，集庙堂与江湖于一体。借此便利，可打听所需消息，可传美誉如潮，可搜罗奇闻逸事，也可以众口铄金，被别有用心的舆论制造者利用。

《宋季三朝政要》中记载，南宋宝庆年间，权相史弥远想排逐政敌真德秀和魏了翁，但无奈皇帝非常倚重二人，谕令"有弹劾二人者即刻罢免监察官之职"。一个名叫梁成大的小官却动起了歪心思，每日去茶肆里闲坐，并肆意用言语诋毁真德秀和魏了翁二人。不久，这件事就传到了史弥远的耳朵里，他立刻擢升梁成大为言官，成为自己的耳目。梁成大如愿以偿，借茶肆的舆论扩音器功能爬上了更高的位置。

在现代社会，有些小店晚上卖麻辣烫，早上卖早餐。或者冬天是火锅店，夏天是烧烤店。这种灵活的经营方式，也见之于大宋的诸多茶肆中。《东京梦华录》中记载，汴京潘楼东街巷的茶坊五更天会在店前点灯，卖一些衣服图画之类的物件，这充分利用了茶肆的场地空间，而且商家还能赚点外快，商家何乐而不为？平日茶肆内也会交易一些高档货，就像现在的古玩交易，最好坐下来喝杯茶，慢慢鉴别品评才好。叶梦得《石林燕语》中说，自己有一次经过一个奇石产地，此地茶肆之中，很多人都争相求售。除此之外，在元宵节灯市前，茶肆也会代为经营灯市，罗列灯球来进行交易。

最让人意犹未尽的，要数茶肆里的表演和说书了。不是每个人都是品茶的高手，很多人来光顾茶肆，就是图个热闹，或看看表演，或听听说书。南宋洪迈的《夷坚志》中记载了这样一个趣事，说的是有两个文人一同梦见了西汉的班固，于是梦中请教班固汉史中的疑难处，临别时，班固告诉他们明天将去他们家中做客。醒来之后，二人颇觉蹊跷，但也没有细想。于是携友去嘉会门外茶肆中坐，却见茶肆中贴着"今晚讲说《汉书》"的帖子，二人相视一笑："班孟坚岂非在此邪！"茶肆中讲《汉书》的节目预告，突出了其演艺场所的性质，可见茶肆在吸引观众这方面，可谓尽其所能。

茶肆、酒楼这些娱乐场所和话本这类艺术形式，可谓相辅相成。闲来去逛逛茶肆，侃侃八卦，听听历史，斗斗茶，打探江湖动态，这样的生活，怎一个"爽"字了得！

北宋最牛的斜杠青年：茶界"拉花高手"宋徽宗

说起宋徽宗，有人说他除了业务能力，艺术修养方面可以说是常人难及。作为大宋最有名的斜杠青年，宋徽宗的茶艺功夫是炉火纯青。蔡京在《延福宫曲宴记》中记载了一次宫廷聚会，宋徽宗亲自为众人点茶，三沸之后，他注汤击拂，不一会儿，就"白乳浮盏面，如疏星淡月"，可见其点茶技艺之高。与点茶几乎同时进行的是分茶，当茶汤泛起汤花之后，通过分茶的技巧，可以在茶面上表现出字画丹青的意境。而宋徽宗据说可以在分茶时展示他的瘦金体，技艺更为精湛。

分茶又称茶百戏、水丹青，是茶的拉花技艺。分茶时，通过用汤瓶注汤或用茶匙加水，使茶汤产生变幻，显现出不同层次的深浅变化，最终形成文字或图案。这类似于现在的咖啡拉花，不过咖啡拉花一旦形成，轻易不会消散，而且难以变幻。而宋朝的茶百戏则花样频出，图案形成之后，一会儿就会消散，然后在同一茶汤中，继续拉花形成新的图案，如此反复，能让人沉醉在倏忽变幻的艺术天堂，在视觉上是极震撼的。

据《清异录》中记载，北宋有一位很牛的分茶大师福泉和尚，有一次他一连分茶四碗，眨眼间就出现了四句诗，分别是：

第一碗：生成盏里水丹青。

第二碗：巧画工夫学不成。

第三碗：却笑当时陆鸿渐。

第四碗：煎茶赢得好名声。

雌雄白鸡图　北宋　赵佶

当时的高级茶艺人员各有各的绝学，有的能拉出令人叹为观止的花纹，有的能拉出鸡鸭、狮虎、小虫等。一般的文人雅士，闲暇时也会以此来自娱。比如陆游在杭州时就会"矮低斜行闲作草，晴窗细乳戏分茶"。所谓"酒壮英雄胆，茶引文人思"，这种分茶拉花的技巧，被懂生活的宋朝人化为诗意和闲情，不仅能够解闷消闲，还能使人文兴大发。

宋徽宗还写了一部茶艺专著《大观茶论》，他认为点茶时一定要击拂七次，直到茶与汤完美调和方可。为了便于操作，要使用一种被称为"茶筅"的工具。茶筅的一段被削成竹篾，用细线捆绑，加固呈喇叭状后，就可以进行击拂了。这是宋徽宗对茶匙之器的一种改良。蔡襄在《茶录》中说，为了让击拂有力，茶匙最适合的制作材料是黄金，其次是银和铁。竹子太轻，不宜取材。而宋徽宗采用竹制作的茶筅，很大程度上是为了分茶之便。他认为茶筅这种细长竹刷结构，不仅可以击拂茶汤，还可以同时对茶汤中的水纹进行梳理，调制出拉花般的视觉体验。宋徽宗写了《大观茶论》之后，一时上行下效，民间斗茶、拉花之风更盛，连宋徽宗也忍不住赞誉斗茶为"盛世之清尚"。范仲淹更是在一首斗茶歌中渲染这种风气，直言民间斗茶活动激烈热闹，以致"胜若登仙不可攀，输同降将无穷耻"。

大人物之间的高端茶局，当然不似民间那么随意，而是集文人的修养和宫廷的奢华于一体。台北故宫博物院所藏的宋徽宗赵佶的《文会图》就描绘了一场声势浩大的茶酒合宴。宋徽宗在画中描绘了一个幽静清雅的大庭院，院中设一巨榻，上有各色菜肴、水果、杯盏、插花等。树后还有香炉和琴，凸显文雅意境。有九个文雅之士围坐于桌，或议论或凝坐，潇洒自在。几名侍者忙碌其间，氛围感十足。由此可以判断，这不是一般的闲常聚会，而是宫廷所主持的礼仪性文人茶会。在宋徽宗时期，举办这种茶会已经是经常性的活动了。

第四章

道是风雅却寻常：
宋朝小资进化史

大宋的清晨：小贩沿街叫卖忙，官员出门需礼让

清晨向来是最忙碌的时候。现在的我们调个闹钟，等时间到了，闹钟就会把我们叫醒。在宋朝，在没有闹钟的前提下，如何知道时辰呢？古代有专门的报晓人。

《周礼》中记载了与报时有关的官员，诸如鸡人、挈壶氏等。据《周礼》中记载："鸡人……掌共鸡牲，辨其物。大祭祀，夜呼旦以叫百官。凡国之大宾客、会同、军旅、丧纪，亦如之。凡国事为期，则告之时。"鸡人会在有国家大事的时候报时。郑玄《注》提道："夜，夜漏未尽，鸡鸣时也。呼旦，以警起百官，使夙兴。象鸡知时也。告其有司主事者。告时者，至此旦明而告之。"官员不用怕起不来误了上朝，自有人呼唤。

宋朝的报晓人大都是由和尚、头陀充当的，他们一边报时，一边化缘。《东京梦华录》中记载，汴京"每日交五更，诸寺院行者打铁牌子或木鱼，循门报晓。亦各分地分，日间求化。诸趋朝入市之人，闻此而起"。

他们不光报晓，还负责播报天气预报。据《梦粱录》中记载，临安城"每日交四更，诸山寺观已鸣钟，庵舍行者头陀，打铁板儿或木鱼儿沿街报晓，各分地方。若晴则曰'天色晴明'，或报'大参'，或报'四参'，或报'常朝'，或言'后殿坐'；阴则曰'天色阴晦'；雨则言'雨'。盖报令诸百官听公上番虞候上名衙兵等人，及诸司上蕃人知之，赶趁往诸处服役耳。虽风雨霜雪，不敢缺此。每月朔望及遇节序，则沿门求乞斋粮"。

除此之外，还有一些建筑有报时的功能。比如钟鼓楼和谯楼。《宋会要辑稿》中记载，文德殿"殿庭东南隅有鼓楼，其下漏室，西南隅钟殿"。《新设乳源县记》中记载，"去县东百余步，近犀水，有高阜，立鼓楼于上。所以严戒禁省，晨昏惕民之勤，警民之惰也"。鼓楼的设置有报时的功能，还能起到警戒百姓的作用。北宋张耒的《赠铁牌道者》一诗中"微官待旦亦朝天，赖尔绝胜钟鼓传"，二句佐证了鼓楼报时的功能。

听到报晓人一报晓，汴京立马"苏醒"了，早市开始了。比如瓠羹店门口坐着一个小孩，叫卖"饶骨头"，也卖灌肺、炒肺之类。这时候天还没完全亮，酒店点着灯卖早点，包含粥饭点心之类，每份不过二十文。有的店还卖洗脸水，煎点汤药，直到天亮。有卖猪肉、羊肉的，就推着去卖，动辄百余头。朱雀门外以及州桥西这一片，卖水果干果、纸画儿之类，人们来往不绝。卖麦面的，每一秤装一布袋，叫"一宛"，也有三五秤做"一宛"的，这些面都用太平车或驴马驮着从城外运到城内来卖。御街州桥至大内南门这一段也有卖药及饮食的商贩在吆喝着叫卖，非常热闹。

行在临安也是如此。"最是大街一两处面食店及市西坊西食面店，通宵买卖，交晓不绝。缘金吾不禁，公私营干，夜食于此故也。"因为宵禁解除了，所以店家就不关门，二十四小时营业。

其他的店铺，都是闻钟而起。都卖什么呢？御街的店铺早市点心，有煎白肠、羊鹅下水、糕、粥、血脏羹、羊血、粉羹之类，冬天卖五味肉粥、七宝素粥，夏天卖义粥、馓子、豆子粥；浴堂门卖的是面汤，浮铺"卖汤药二陈汤，及调气降气并丸剂安养元气者"。当然也离不了"卖烧饼、蒸饼、糍糕、雪糕等点心者"。

这些小商贩是流动性的，赶早市直到饭前才收摊。这些诸行的商人早晨都往临安城各个地方去摆摊儿。"和宁门红杈子前买卖细色异品菜蔬，诸般嗄饭，及酒醋时新果子，进纳海鲜品件等物，填塞街市，吟叫百端，如汴京气象，殊可人意"。孝仁坊口，卖水晶红白烧酒，"其味香软，入口便消"，这个酒曾被大内宣唤。六部前卖味道鲜美制作精细的丁香馄饨。早市所卖食品花样繁多，不胜枚举。自大内后门到观桥下，大街小巷都有叫卖的，无论天气好坏，都是如此。

这些上班的官员可谓有口福了，早上刚好路过，可以大快朵颐。北宋的官员上班大都乘马，南宋的官员乘轿的居多。朱熹《朱子语类》中记载，"南渡以前，士大夫皆不甚用轿，如王荆公、伊川皆云不以人代畜。朝士皆乘马"。王安石、程颐这样的人都说不能以人代畜，体现了这些士大夫对下层人士的关怀。南宋张端义在《贵耳集》中说："自渡江以前，无今之轿，只是乘马。所以有修帽护尘之服。"这里所说的修帽护尘之服，大概是类似雨披、防尘罩之类的东西。

北宋的都城在开封，不似行在临安多阴雨天气，所以南宋官员开始乘轿，可以避雨。《贵耳集》中记载："思陵在维扬，一时扰乱中遇雨，传旨百官，许乘肩舆，因循至此。"一场大雨，宋高宗允许百官乘轿子，乘轿子的传统就沿袭下来。值得注意的是，乘轿子要是遇见比自己官大的车辇经过，要礼貌地避让。

乘轿子比骑马方便多了。听见沿街的叫卖声，不知道是否有官员会买一份早点，偷偷在轿子里吃。

叫"大哥"？这可是亲儿子

大宋建国距今已有一千多年了，许多称谓与现今已大不相同。若在宋朝按照现在的称呼去称呼别人，可要闹大笑话。

我们现在夫妻间称呼伴侣，称呼男的为"老公"，但如果在宋朝这么称呼，就有点"耐人寻味"了。因为在古代，老公是宦官的俗称。女子可以称呼丈夫为"官人"。据《续传灯录》中记载，张商英晚上不睡觉，在书房中"研墨吮笔，凭纸长吟"，他的妻子问："官人，夜深何不睡去？"据说，由于天子被称为"官家"，所以寻常人家也开始称呼自己的丈夫为"官人"，寄予了对丈夫前程的美好期望。

当然，官人不是丈夫的专称，很多时候也表示对男子的敬称。

如果称呼自己的丈夫为"相

宋代捧物侍女俑

公"，那也是错误的说法。在宋代，相公专指高官。比如，王安石官至"同中书门下平章事"，被称为"拗相公"。司马光，字君实，是一个非常低调的人。据传，他的仆人一直喊他"君实秀才"。一次，苏轼听到仆人这么喊，告诉他："你家主人不是秀才了，已经是宰相了，大家都叫他'君实相公'。"于是，老仆改称司马光"君实相公"。结果司马光说，自己家的老仆被苏轼给教坏了。由此可见，一般人是不能被称为相公的。

"相公"这个词用着用着，就成为官吏的泛指了。《道山清话》中记载："陈莹中云：'岭南之人，见逐客，不问官高卑皆呼为相公，想是见相公常来也。'"意思是，宋代的官员多被贬谪到岭南，岭南人不分官位高低，都叫他们相公。

丈夫称呼妻子，称呼"老婆"也是不合适的。据《梦粱录》中记载："更有叫'时运来时，买庄田，取老婆'卖卦者。"这里的"老婆"有现今老婆的意味，但为俗称，一般人不这么说。宋代陶岳在《五代史补》中记载："媪叹曰：'秀才何自迷甚焉，且天下皆知罗隐，何须一第然后为得哉！不知急取富贵，则老婆之愿也。'"这里的"老婆"就是指年老的妇女。《金瓶梅词话》中说："老婆亲走到厨房内说道：'姐，爹叫你哩。'"这里的老婆指的是粗使下人。由此可见，老婆这一称呼并不文雅，难登大雅之堂。

宋代有时称呼妻子为"娘子"，但"娘子"并不是对妻子的专称，家中的女主人通常也被称为"娘子"。据《大宋宣和遗事》中记载，宋徽宗见了李师师，说道："谨谢娘子，不弃卑末，知感无限。"

古代人讲究礼法，通常会使用谦称。一般称呼妻子为"贱内"或"内人"；称呼丈夫叫"外人"或"外子"。

孩子则按照排行称呼，长辈们称呼女的为"姐"，称男的为"哥"。"大姐"就是指家中的大女儿，二哥就是家中排行第二的儿子。所以，家中的长辈说"大姐和二哥是我带大的"，千万不要诧异，因为这话说得没毛病。据《陔余丛考》中记载，王安石和他的长子王雱"煮酒论英雄"，王安石最后指着儿子王雱说："大哥自是一个！"据《齐东野语》中记载，南宋抗金名将赵方临终前对自己的三个儿子说："三哥葵甚有福。"意思是，三儿子最有福气。

皇室中，皇上也像寻常人家称呼自己的儿子为"哥"。据《齐东野语》中记载，宋孝宗继位后，宋高宗成为太上皇。宋孝宗有志气收复失地，恢复北宋的领土。宋高宗说："大哥，且待老者百年后却议之。"

除此之外，寻常人家还会按照"郎""娘"的称呼来喊自己的孩子。《水浒传》中武大郎、武二郎就是按照在家里的排行来称呼的。这种称呼在亲友、街坊中十分常见。比如在家里排行第五，别人就会称呼其为五郎或五娘。如果姓王，朋友们就会称呼其为"王五郎"或"王五娘"。

那么，街坊邻里间是如何称呼的呢？在大宋，如果看到一位年轻的女子，千万别冒失地问："小姐，大相国寺怎么走？""小姐"在宋代指的是乐户等地位低微的女子。对于一般的女子，应该称呼其为"小娘子"。而妓女一般被称为"行首"或"行头"，如《朱文公文集》中记载朱熹弹劾唐仲友的言辞："行首严蕊稍以色称，仲友与之媒狎。"因为唐仲友与行首严蕊厮混，朱熹鄙夷。在宋代，"爱卿"也是用来称呼妓女的，如果看到宋朝的历史剧，皇上说"爱卿平身"，那么多半是个乌龙。

在宋代，见到皇帝不能三呼"万岁"，也不能说叩见"皇上"，而要称呼皇帝为"官家"。据《大宋宣和遗事》中记载:"神宗是个聪明的官家,朝廷上大纲小纪,——要从新整理一番。"

在宋代,无论自己是什么身份地位,都要称呼皇帝为"官家"。太后、皇后、嫔妃、大臣、百姓等皆如此。据《资治通鉴》中记载,宋太祖的女儿与皇后同言曰:"官家作天子日久,岂不能用黄金装肩舆,乘以出入。"在这里,皇女称自己的父亲为"官家"。你也许不禁会问,为什么要称呼皇帝为"官家"呢?别着急,"官家"自己也有可能不知道。

宋太宗就问过大臣这个问题。宋代文言逸事小说《国老谈苑》中记载:

徐铉为散骑常侍,太宗谓曰:"官家之称,其义安在?"铉曰:"三皇官天下,五帝家天下。盖皇帝之谓也。"

好奇的基因会遗传,宋太宗的儿子宋真宗也问过这个问题。据《湘山野录》中记载:

上乘醉问之:"何故谓天子为官家?"遽对曰:"臣尝记蒋济《万机论》言:三皇官天下,五帝家天下。兼三、五之德,故曰官家。"上甚喜。从容数杯,上又曰:"正所谓'君臣千载遇'也。"李宗谔曰:"臣惟有'忠孝一生心'。纵冥搜不及于此。"

"三皇官天下,五帝家天下",官家"兼三五之德",寓意皇帝大公无私。

皇帝有时也被称为"大家"。比如一向仁爱的宋仁宗为了避免让下人受罚,口渴便忍着。然后下朝回来说:"渴甚,可速进熟水。"妃子赶忙给他准备好水,问他:"大家何不外面取水而致久渴耶?"

《铁围山丛谈》中说:"国朝禁中称乘舆及后妃,多因唐人故事,谓至尊为官家，谓后为圣人，嫔妃为娘子。"这句话解释了皇帝被称为"官家"，皇后被称为"圣人"，而妃嫔被称为"娘子"。

值得注意的是，皇上也并非天天都"朕"长"朕"短，他们平时也称自己为"我"。面对长辈时，也要称"臣"。比如，《铁围山丛谈》中记载，宋神宗身穿金甲到慈寿宫见太皇太后，他说："娘娘，臣著此好否？"宋神宗见了太皇太后，则称自己为"臣"。而太皇太后、太后、皇后等，也不自称"哀家"，而是"老身"。《续资治通鉴》中记载：

> 太皇太后（高氏）又曰："老身殁后，必多有调戏官家者，宜勿听之。"乃呼左右赐社饭，曰："明年社饭，当思老身也。"
>
> 皇太后向氏哭谓宰臣曰："国家不幸，大行皇帝无嗣，事须早定。"章惇厉声曰："当立母弟简王似。"太后曰："老身无子，诸王皆神宗庶子。"

嫔妃平时自称"本位"，但在面对帝后等身份高贵的人时，则自称为"妾"或"臣妾"，身份低微者则称呼"奴家"或"奴奴"。皇后在皇帝面前则自称为"臣妾"。"妾"是一种谦称，公主在正式场合也会自称"妾"。

在正式场合，公主或皇子可以和大臣一样，称呼皇帝为"陛下"，称呼皇后为"皇后娘娘"。日常生活中，则要像寻常人家一样称呼皇帝为"爹爹"，称呼皇后为"娘娘"或"嬢嬢"。

据《四朝闻见录》中记载，宋高宗赵构问太后韦氏："烛颇惬圣意否？"太后说："尔爹爹每夜常设数百枝，诸人阁分亦然。"苏辙在《龙川别志》中记载："仁宗谓刘氏为大娘娘，杨氏为小娘娘。"

如果亲生母亲是妃嫔，那么要称呼她为"姐姐"。宋朝宰相曾布的《曾公遗录》中记载，朱太妃在宋哲宗弥留之际，和他说："只十二哥是姐姐肚皮里出来，你立取十二哥即稳便。"朱太妃劝说宋哲宗立自己所生的十二子赵似为帝，赵似是宋哲宗的亲弟弟。

在宋朝，皇子的官方称谓是"大王"。如果排行第八，就被称作"八大王"。只有太子才能被称为"殿下"。如果是皇女，就会被称为"公主"或"帝姬"，帝姬是宋徽宗时期使用的称谓，靖康之耻后，南宋又恢复了"公主"的称谓。

皇宫之中，服务于皇室的女使，被称为"宫内人"或"宫人"。男使被称为"内侍"或"宦者"。有品级的宫人自称为"妾"，没品级的自称为"奴婢"。有品级的内侍自称为"臣"，没品级的自称为"小底"。

所以，到了宋代，说话前一定要先想想称呼对方什么。如果你按照现在的逻辑称呼对方，那么他们会以为你在胡说。

邸报与小报：大宋"自媒体"都报些什么

现在媒体上流行"吹哨人"的说法，指的是主动站出来为社会公众发声的人。其实在宋朝，就有一些民间小报代行了吹哨人之责，不过吹哨的手段有点"非法"。比如在宋徽宗大观四年（1110 年），就有一家民间小报为响应民愤，大斥"民贼"蔡京。为了大力造势，这个小报竟然伪造了宋徽宗的一则诏书，称蔡京"公行狡诈，行迹诡谀，内外不仁，上下无检，所以起天下之议，四夷凶顽，百姓失业，远窜忠良之臣，外擢暗昧之流"。伪诏书甚至还代宋徽宗自我检讨了一番，称蔡京的胡作非为是"不察所为，朕之过也"。消息虽系谣言，但反映了民众对奸臣贪官的痛恨，虽然在小报上吹了个假哨，但在民众心中还是有一定的回音的。

出现于宋朝的民办小报放到现在，应属自媒体的一种形式。根据《宋会要辑稿》的说法，南宋的小报风行一时。当时人们喜新而好奇，特别爱读小报。小报的内容"一以传十，十以传百，以至遍达于州郡监司"。此外，宋朝的小报特别有八卦精神。为了搜罗最新的消息，小报都有专业的探子团队，类似现在的记者。据《朝野类要》介绍，这些探子分为"内探、省探、衙探"等，分别探听宫廷、中央机关和地方部门的信息，消息特别灵通。一旦有大新闻，就立刻"小报书之，飞报远近"，争着要首发报道，以此坐收其利。

在朝廷看来，小报猖獗民间是一大祸端。因为小报不仅会伪造皇帝的诏令，还会冲击官报的发行。在宋朝，由进奏院编辑发行的邸报是官方正式发行的报刊。邸报又称朝报，类似朝廷文报的抄件。虽是官报，但没有独立的运营概念，流程颇为复杂。进奏官首先要将官方文件抄录成报，然后送枢密院审查后形成"定本"，最后付梓印刷，发给京城和地方各衙门，传于四方。《宋史》中有这样一个场景：范仲淹在陕西做官时，给韩琦写信，提到他在邸报上看到自己受宠恩命，被擢升了职务，感到受宠若惊。这说明当时的邸报，在很大程度上只是官方的公文。

官方邸报五天出一"定本"，难以保证时效，有时候邸报还没发行的消息，民间小报已经抢先一步传播了出去。而且，邸报中讳言的朝廷未决之事、抗金的军事消息，小报也会代为议论。加上小报有时会刻意地渲染八卦、制造谣言，更是让朝廷视其为洪水猛兽。在蔡京被小报"整了"之后，宋徽宗下了一道御诏来辟谣，称小报关于蔡京的言论是奸人伪造诏书，蛊惑人心，欲生异端。并悬赏五百贯钱捉拿始作俑者，然而伪造消息的小报"记者"隐藏颇深，此事最终不了了之。

到了南宋，官员周麟之专门写了《论禁小报》的文章，认为对发行小报的人要"严立罪赏，痛行禁止"。宋孝宗决心对发行小报的"不逞之徒"从重处罚，一旦发现，就要流放五百里，并严加管束。然而民间小报事业依然在打压中蒸蒸日上，每天都与邸报、朝报叫板，供人消遣，引导舆论。

据《朝野类要》中记载，既然官方严禁小报，小报的发行者干脆把小报改称为"新闻"。其实当时的小报，确实已有新闻的雏形了。首先，它具有商业化性质。邸报是朝廷控制下的官报，不以牟利为目的，而小报则是以竞争取利的行业，它关注市场，时时刻刻都洞悉着广大市民的日常需求，不断地搜罗人们感兴趣的资讯。其次，小报往往"日书一纸"，广为印刷。这比邸报"五日一定本"的发行效率要高出不少。这种风行于宋朝民间的小报，或许是世界上最早的日报。

虽然小报时效性强，可以迎合广大市民的口味，但是在权威性、真实性方面，远不及邸报。由于小报的刊印不需要经过官方的审查，因而内容多有讹误。《春渚纪闻》中有这样一则趣事，讲的是宋哲宗时的一次"唱第"，毕渐为状元，赵谂为第二。唱第结束，朝廷还没张榜公告，小报就第一时间"以蜡板刻印"，结果把状元毕渐变成了毕"斩"，本应是"状元毕渐，第二人赵谂"，结果传报的人念成了"状元毕斩第二人赵谂"。没承想一语成谶，赵谂后来果然因谋逆被诛。

小报不仅能为大众提供最新的消息，有时还能为正风气而吹哨，然而文字之雕琢，审校之精细，真伪之分辨，可能就显得不那么重要了。宋朝小报带来的"资讯快餐"，到现在也是蛮有味道的。

生子取名有讲究，叠音字竟成一时时尚

孩子的姓名寄予了父母的厚望，在宋朝也不例外。比如唐宋八大家之一的苏洵在《名二子说》中，解释了他给儿子取名"轼""辙"的原因：

轮辐盖轸，皆有职乎车，而轼独若无所为者。虽然，去轼则吾未见其为完车也。轼乎，吾惧汝之不外饰也。天下之车，莫不由辙，而言车之功者，辙不与焉。虽然，车仆马毙而患亦不及辙，是辙者，善处乎祸福之间也。辙乎，吾知免矣。

轼是指作为车扶手的横木，轼从表面上看不出它对车的作用，但是去掉了

灌佛戏婴图轴　北宋　苏汉臣

它，就看不出车是一辆完整的车了。而辙是指车轮压出的痕迹，车每走一步都是顺着车辙走的。论车的功劳，大家不会赞赏车辙，但是当车有祸，也不会怪罪到车辙上。苏洵担心苏轼锋芒毕露，对苏辙则比较放心。苏洵对两个儿子的性格可谓知之甚矣。

苏轼，字子瞻，一字和仲，号东坡居士。苏辙，字子由，一字同叔，晚号颍滨遗老。他们的名字，通常在正式场合或者撰写公文时使用，平时朋友之间互称的都是"字"或者"号"。"字"一般是男子弱冠时，由家中长辈或者德高望重的人取的。"号"往往是自己取的，比如才女李清照仰慕陶渊明，所以以《归去来兮辞》中"审容膝之易安"一句，自号为"易安居士"。

在宋代，有身份地位的人取名是非常讲究的。比如大诗人陆游，字务观。据叶绍翁《四朝闻见录》所说："盖母氏梦秦少游而生公，故以秦名为字，而字其名云，曰公慕少游者也。"意思是，陆游的母亲梦见秦观秦少游，所以给自己的孩子取名为陆游。陆游晚年写了一首《题陈伯予主簿所藏秦少游像》："晚生常恨不从公，忽拜英姿绘画中。妄欲步趋端有意，我名公字正相同。"由此可见，陆游本人是十分崇拜秦观的。

拗相公王安石的名字，也寄予其父对他的厚望。王安石有两个哥哥，叫王安仁和王安道。听这名字，就是标准儒家士大夫为孩子取的名字。王安石，这个名字是不是表示父亲对他不看重呢？这是一个误解。东晋的谢安，他是"旧时王谢堂前燕"中的谢家人，官至宰相，功勋卓著，在东晋是举足轻重的人物，他的字是"安石"，王安石的父亲给他取这个名字，很有可能是希望他能成为像谢安那样匡扶社稷、拯救万民于水火的人。

宰相王钦若的名字取自《尚书》："乃命羲和，钦若昊天，历象日月星辰，敬授人时。"意思是，顺应天地。

南宋俞成在《萤雪丛说》中针对给孩子取名大发议论：

今人生子，妄自尊大：多取文武富贵四字为名，不以晞贤为名，则以望回为名，不以次韩为名，则以齐愈为名，甚可笑也！

可见，以"文""武""富""贵"四个字取名，在当时过于泛滥。

宋代人取名还喜欢用"老""翁""叟"这样的字，比如陆游号放翁。《东京梦华录》的作者叫孟元老，大概是一种长生的愿望吧。

宋代的女子，很多人的名字都是叠音字。比如宣仁圣烈皇后高氏，小字滔滔；据陆游《山阴陆氏女女墓铭》中记载，陆游的幼女，乳名女女；宋徽宗的嫔妃里，有一充媛名为席珠珠，有一贵人叫卢褭褭，有一美人叫徐癸癸。可见，叠音字受到很多人的喜欢。但一些名门贵女不会一直使用乳名，父母会为其取一个正式的名字，比如陆游为女儿女女取名为"定娘"。

还有一些人以数字来取名。陆游《老学庵笔记》中记载："今吴人子弟稍长，便不欲人呼其小名，虽尊者亦以行第呼之矣。"洪迈的《夷坚志》中记载了不少以数字为名的人，比如黄十一娘、杜三、沈十九。苏轼的第二任妻子王闰之名叫"二十七娘"。

为了孩子能安心长大，很多人家会给孩子取低贱的名字。据宋人笔记《渑水燕谈录》中记载，江仲甫的乳名叫"芒儿"，芒儿在那时一般指牧童，取这个名字就是叫"低了"，好养活。要是在宋代听到一些比较粗鄙低贱的名字，别觉得奇怪，他们就是觉得起名低贱才能平安长大。

虽说叫什么名字是个人的自由，但也要避尊者讳。比如自己和皇帝的名字有重字的，那就僭越了，得改名字。甚至有些官员自以为是，苛待百姓，也让百姓避他的讳。据陆游的《老学庵笔记》中记载，有个叫田登的官员，他不让百姓喊他的名字，甚至连"点灯"两个字都不能喊，因为"点灯"读起来和"田登"太像了。于是，手下只能将灯展文稿中的"点灯"换成"放火"，所以文告内容变成了：本州依例放火三日。这位官员的胡作非为还给后人留下一个成语：只许州官放火，不许百姓点灯。

不仅和现在的皇帝名字不重，取一个古代皇帝的名字也不行。据清代学者钱大昕《十驾斋养新录》辑录，宋徽宗政和年间有两条禁令，即"政和禁圣天等字命名"和"禁人名寓僭窃"。给事中赵野也在之后陈述了禁令的内容，即"陛下恢崇妙道，寅奉高真，凡世俗以'君''王''圣'三字为名字，悉命革而正之。然尚有以'天'字为称者，窃虑一禁约。"《容斋续笔》中记载："政和中，禁中外不许以'龙''天''君''玉''帝''上''圣''皇'等为名字。"禁令一出，很多人都得改名字，比如毛友龙改叫毛友，叶天将改叫叶将，乐天作改叫乐作，方天若改叫方元若，等等。

当时，江西平乐县有个叫"孙权"的人被举报了，因为他竟然与三国时候吴大帝孙权同名，"寓意僭窃"。隔着历史的长河，都觉得他有点冤。

据庄绰《鸡肋篇》中记载，有一个叫钱唐休的人名声大噪，被推荐给了宰相赵鼎，但是宋高宗不起用他，因为他琢磨着"钱唐遂休乎"，这太不吉利了吧。就一句话就能让一个人一辈子出不了头。所以古人取名字还是要讲究些，搞不好因名获罪，吃牢饭或者掉脑袋，这就太不值了。

没有黑中介，只有"一条龙"服务的宋代家政

在宋代，市场经济繁荣，人们的生活水平较高，一些富人做不到凡事都亲力亲为，就会找人代办。他们不用直接去市场里找，可以委托中介。据《东京梦华录》中记载："凡雇觅人力、干当人、酒食作匠之类，各有行老供雇。觅女使，即有引至牙人。"宋元话本小说《万秀娘仇报山亭儿》中有"陶铁僧看着身上黄草布衫，卷将来，风飕飕地起，便再来周行老家中来"。这里的行老就是专门的职业介绍人或职业经纪人，扮演着中介的角色。

牙人，又名牙子、牙郎、牙侩。宋代叶廷珪《海录碎事》中说："本谓之互

郎，主互市事也。唐人书互作牙，似牙字，因转为牙。"也就是说，这些人本来叫作"互郎"，但因为"互"和"牙"的写法极为相似，就被人们传抄错了，变成了"牙郎"。

女性牙人被称为"牙嫂"。据《梦粱录》中记载："如府宅官员，豪富人家，欲买宠妾、歌童、舞女、厨娘、针线供过、粗细婢妮，亦有官私牙嫂，及引置等人，但指挥便行踏逐下来。"

《单符郎全州佳偶》源出宋代的《摭青杂说》，里面记载了一个"女侩"帮着司户介绍了一个"针线人"李英，她技术比较好，"第一手好针线，能于暗中缝纫，分际不差"。

牙人所在的行业在当时已经成为成熟的行业，要想投身到牙人这一行里，必须符合一定的要求。《庆元条法事类》规定，"诸老疾应赎人充庄宅牙人者，杖一百"，也就是说，做这一行的，不能岁数太大，否则会被打板子。另外，做牙人还需要提供担保，即"物力保识牙人"。除了需要有一定的经济实力，还要有几个人和你一起相互作保，才能做牙人。李元弼在《作邑自箴》中对牙人付身牌有介绍："交易牙人，多是脱漏客旅，须交壮保三两名，及递相结保，籍定姓名，各给木牌子随身别之。"这些木牌子相当于从业资格证书，有了它，就可以从事牙人的工作了。这是官府对牙人行业的规范和要求，用以约束牙人哄抬价格、赊卖货物、阻碍交易等违法乱纪的行为。如果想找牙人，可以找有牌子的，这样的会比较靠谱。

如果牙人和卖方合起伙来蒙蔽买方，不要担心，宋朝有专门的法律规范牙人的行为。举买房的例子来说，据《宋刑统》中记载：

> 应有将物业重叠倚当典卖者，本人、牙人、邻人并契上署名人，各计所欺入己钱数。并准盗论；不受钱减三等，仍征钱还被欺主人，如业主填罄尽不足者，勒同署契牙、保、邻人等，共同填赔，其物业归初倚当之主。

买卖时，如果卖家一房两卖欺骗买主的话，署名的卖家牙人和邻人都要一起受罚。不仅要赔钱，还要把房子给买方。所以，买卖时别担心，朝廷会保证买家的合法权益的。

在宋代，经济条件不错的人，可以生活得非常小资。只要你愿意付钱，这些行老、牙人都能帮你把事情办得妥妥帖帖、利利索索。

细数大宋孩子的"玩具"

东汉王符《潜夫论》中记载，"或取好土作丸卖之""或做泥车、瓦狗、马骑、倡俳，诸戏弄小儿之具以巧诈"。可见在宋朝之前，玩具就已经产生了，但还未形成规模。作为一种流行的物件普遍出现在市场，这是在宋朝才有的事。

南宋李嵩的《市担婴戏图》中，一位年长的货郎挑着两个六层的担子，担子上挂满了琳琅满目的货物。几个孩子和一个妇人争相去看，心急的孩子已经去拨弄货物了。卖货郎的货架上还有很多玩具，吸引孩子们招朋引伴地前来观看。

据《东京梦华录》中记载，东京已有很多卖玩具的，比如潘楼街、东宋门外瓦子，州西梁门外瓦子，北门外、南朱雀门外街及马行街内等。

古代有抓周的习俗，《宋史》中记载："彬始生周岁，父母以百玩之具罗于席，观其所取。彬左手持干戈，右手持俎豆，斯须取一印，他无所视，人皆异之。"曹彬在抓周时，父母陈列了百玩之具，曹彬异于常人，选择了干戈、俎豆和印这些"权力的象征"的物品。日后，他果然成为一名大将，封官拜爵。

据《梦粱录》中记载，临安城在孩子抓周时，"其家罗列锦席于中堂，烧香炳烛，顿果儿饮食，及父祖诰敕、金银七宝玩具、文房书籍、道释经卷、秤尺刀剪、升斗等子、彩缎花朵、官楮钱陌、女工针线、应用物件，并儿戏物，却置得周小儿于中座，观其先拈者何物，以为佳谶，谓之'拈周试晬'。"玩具成为抓周摆列的物品种类之一。

再细看《市担婴戏图》，可以辨认出的玩具有葫芦、小鸟、风筝、泥人等。在苏汉臣的《长春百子图》中，孩子们玩的游戏有划船采荷、钓鱼、踢球、捉迷藏、荡秋千、斗蟋蟀、观画、下棋、玩蛤蟆、玩陀螺等，充满了童趣。周密《武林旧事》中记载："若夫儿戏之物，名件甚多，尤不可悉数，如相银杏、猜糖、吹叫儿、打娇惜、千千车、轮盘儿。每一事率数十人，各专藉以为衣食之地，皆他处之所无也。"其中，千千车、打娇惜是不同的陀螺。

在苏汉臣的《秋庭戏婴图》中，两个孩子围着一张桌子，正在玩推枣磨的游戏。推枣磨需要三个枣、三根短竹签和一根扁竹签。将一个枣的上半部分削去，露出枣核。将三根短竹签插入枣的下半部分固定。然后将扁竹签一边插一个枣，中间放在刚才削去上半部分的枣的枣核上，外观看上去像平衡木。轻轻旋转"平衡木"，用力太大的话，扁竹签会掉下来；用力太小的话，又不能使其转起来。这个游戏非常考验孩子的智慧和平衡能力。

秋庭戏婴图（局部） 北宋 苏汉臣

宋朝的孩子们还喜欢玩风筝，据《武林旧事》中记载："竞纵纸鸢，以相勾引，相牵剪截，以线绝者为负。"南宋的孩子玩风筝时，有一种玩法和现在不太一样，他们相互勾引，让风筝线绞在一起，谁的风筝线先断了，谁就输了。

宋朝流行泥人，而泥人也是孩子把玩的对象。据《东京梦华录》中记载："都城之歌儿舞女，遍满园亭。抵暮而归，各携枣锢、炊饼、黄胖、掉刀、名花、异果、山亭、戏具、鸭卵、鸡雏,谓之'门外土仪'。"其中,"黄胖"就是一种泥人。

泥人中最受欢迎的当数"磨喝乐",又叫"磨诃罗""磨合罗""摩睺罗"。《岁时广记》中描述了磨喝乐的样子:"斗巧争奇,戴短檐珠子,披小缕金衣,嗔眉笑眼,百般地敛手相宜,转睛底工夫不少,引得人爱后如痴。"意思是,磨喝乐雕刻精美,眉眼带笑,眼睛能转。磨喝乐的造型多样,"悉以雕木彩装栏座,或用红纱碧笼,或饰以金珠牙翠"。《西湖老人繁胜录》中记载:"御前扑卖摩罗,多着乾红背心,系青纱裙儿;亦有着背儿,戴帽儿者。"磨喝乐独特的造型,吸引了孩子们的注意,"市井儿童,手执新荷叶,效'摩睺罗'之状"。

磨喝乐价格不菲,"有一对直数千者"。磨喝乐还有一种带机关的,可以活动,据《姑苏志》中记载,"(宋人)袁遇昌居吴县木渎,善塑化生摩睺罗,每抟埴一对,价三数十缗,其衣襞脑囟,按之蠕动"。一时之间,磨喝乐成为贵族子弟争相追捧的对象。

还有一种小玩意儿叫"水上浮",是用黄蜡浇铸而成的,然后再在外面绘画和雕刻,形成各种各样的形状,诸如凫雁、鸳鸯、龟、鱼之类;还有一种叫"谷板"的玩具,是在一块小板上盖上土,然后在土上种植粟,等它长出苗来,再在木板上布置一些小茅屋、花木,再制作一个小人儿,形成一个村落的样子。

也可以把瓜雕刻成各种花样,称作"花瓜";用油面和糖蜜做成人面的形状,叫"果食花样",要是买一斤,里面有一对身披甲胄者,就称作"果食将军";还有宋朝版的"绿植",即将绿豆、小豆、小麦放到瓷器内,用水浸润,待其长出数寸的芽,然后用红色和蓝色的布条系住,称作"种生"……

在宋朝,孩子们不仅能享受到扑蝶、采荷的自然之趣,还能把玩磨喝乐、陀螺、风筝、踢球、轮盘、各色泥塑等,千年前的孩子们也拥有丰富多彩的童年。

宋代房地产：买房好还是租房好

在宋朝，是买房好，还是租房好？宋朝的房价如何呢？

宋徽宗政和七年（1117年）的汴京城，"人臣赐第，一第无虑数十万缗，稍增雄丽，非百万不可"。皇帝赐大臣的宅子，几十万贯钱，再好一点的百万贯。对于普通小老百姓来说，堪称天文数字了。神宗年间曾经进行过一次拆迁，"百姓屋地百三十家，计值二万二千六百缗"，平均每户可以得到一百七十四贯。说明廉价的房子差不多要一百七十四贯左右。北宋诗人王禹偁在《李氏园亭记》中，有"重城之中，双阙之下，尺地寸土，与金同价，其来旧矣"，京城寸土寸金，没有点财力是真的买不起。就算有钱，也不一定能成功购买，御史中丞翁彦国曾说："京师户口日滋，栋宇密接，略无容隙。纵得价钱，何处买地？"

除此之外，宋朝还有限购政策。仁宗朝规定："诏现任近臣除所居外，无得于京师置屋。"而且大臣不一定会长久居住在京城，遇到贬谪、调任等情况，买了房还得再卖，非常麻烦。

对于一些大官，朝廷还建有专门的房子供他们居住，神宗朝曾下诏："建东西二府各四位，东府第一位凡一百五十六间，余各一百五十三间。东府命宰臣、参知政事居之；西府命枢密使、副使居之。……始迁也，三司副使、知杂御史以上皆预。"

比起买房，宋朝人更爱租房。宰相韩琦说："自来政府臣僚，在京僦官私舍宇居止，比比皆是。"叶梦得《石林诗话》中记载："京师职事官，旧皆无公廨，虽宰相执政，亦僦舍而居。"朱熹也说："百官都无屋住，虽宰执亦是赁屋。"由此可见，租房住在大宋是非常普遍的现象。

这些能入住朝廷用房的官员比起在京官员总数来说，简直是九牛一毛。更多的官员还得租房住。

我们来看一看宋朝有钱人租房的标准是什么样的。据《续资治通鉴长编》中记载：

大中祥符五年六月戊申，卫国长公主尝请市比邻张氏舍，以广其居，张氏，即华容县主婿也。上诏之曰：'如立券出卖，则可也。'及询张氏，但云日僦钱五百，方所仰给。上戒令不得强市，止赐钱二百万，听于他处图置。

卫国大长公主是宋太宗的第六女，她想要扩充自己的住房，把邻居华容县主婿租住的房子买过来。便问张氏房价如何，张氏说每日租赁五百文，一个月就得一万五千文，即十五贯钱。皇帝让她不能强买强卖，就赐钱两百万，也就是两千贯，让她在别处购置。

《续资治通鉴长编》中记载："宗愈税周氏居第，每月僦直一十八千。"胡宗愈租房月租一万八千文，也就是十八贯。他租的房应该也很不错，但是他拖欠房租，"自胡去年七月后至今二月终，止偿两月之直"。刘安世在《尽言集》中也提到这件事："又闻宗愈为御史中丞，日税人之居不给其直。"作为御史中丞，胡宗愈的俸禄很高，按理说交这点房租没有问题，他为什么不给呢？刘安世给出了答案："宗愈居风宪之长，素称高赀，固非不足于财，而税人之居不给其直。挟势贪黩，不修廉节。"明白了，他是个贪官，想靠着自己的势力不交房租，仗势欺人。好在朝廷给出了公正的裁定："乞差人追索及发遣起离。"不仅要把拖欠的房租补上，还得卷铺盖走人。

华容县主婿和胡宗愈都属于有钱人，他们租的房子应该是比较好的。那么，普通老百姓租房需要花多少钱呢？

欧阳修在《乞免浮客及下等人户差科札子》记录了一户卖饼的人家，"日掠房钱六文"，月租一百八十文。如果按照这个标准来计算，租九百多年这样的房子所花的租金和买一个普通房子花的钱差不多。《齐东野语》中记载了王深甫的话："子不见临安丐者之乞房钱乎？暮夜，号呼于衢路曰：'吾今夕所欠十几文耳。'有怜之者，如数与之，曰：'汝可以归卧矣。'"一个乞丐租房每日要十几文，一个月的租金是三四百文。

在宋代租房，可以到朝廷设置的店宅务中去租公房。店宅务一开始叫"楼店务"。《宋会要辑稿》中记载："旧例，于本地内破得屋一间，日掠十钱者，月计四百。"宋真宗大中祥符八年（1015年）正月下诏："市中延燔官舍，其修益讫移居者，免僦居二十日，应僦官舍居，赋直十五钱者，每正、至、寒食，免三日之直。"由此可见，这种廉租房一个月是四五百文钱。

另外，租店宅务的房子可以享受朝廷的优惠政策。比如减免房租，如上所说，宋真宗曾下令，对于因为火灾需要搬家的人，免房租二十天。对于租金低于十五钱的人，逢元旦、冬至、寒食节还要免三天租金。遇到恶劣天气，也会减免房租。宋真宗大中祥符四年（1011年）九月，阴雨不断，"京城民僦官舍者，免其直三日。"隔年，"以雪寒，店宅务赁屋者，免僦钱三日"。而且只要租房，就会免去五天房租。"假每人户赁房，免五日为修移之限，以第六日起掠。"相关法令规定，要求从租赁关系确立之后的第六日开始算租金，前五日免租金，因为租房者需要几天时间用于搬家、打扫等。《梦粱录》中也对减免房租有记载："兼官私房屋及基地，多是赁居，还僦金或出地钱。但屋地钱俱分大、中、小三等钱，如遇前件祈祷恩典，官司出榜除放房地钱，大者三日至七日，中者五日至十日，小者七日至半月。如房舍未经减者，遇大礼明堂赦文条划，谓一贯为减除三日，止令公私收七百。"可谓非常人性化的。

店宅务是不能随便涨房租的。曾经有人建议增加房租，说道："京师民僦官舍，居人获利多而输官少，乞增所输，许夺赁。若人重迁，必自增其数。"意思是，居住的人缴纳的房租太少了，要增加点租金。租金增长后，不同意的居民可以不续约。有的人不愿意搬家，那必然就多交房租。但是宋真宗说："岂不太刻耶？先帝屡常止绝，其申戒之。"大中祥符三年（1010年），朝廷下令："在京店宅，自今止以元额为定，不得辄增数划夺。违者，罪在官吏。"意思是，不能随便涨价，负责官员会获罪。

既然公屋房租合理，又有这么多的优惠政策，岂不是谁都想来住，但是图利做二房东是不被允许的。宋真宗景德元年（1004年）七月诏："应宣借舍屋，须的是正身居止。如已有产业，却将转赁，委店宅务常切觉察，收管入官。自今悉如此例。"

房租我们大致了解了，再来看看小贩的收入。宋代商业发达，有些小摊贩的确赚了不少钱。《夷坚志》中介绍了一个小商贩吴十郎，他在舒州宿松县做生意，"初以织草履自给，渐至卖油，才数岁，资业顿起，殆且巨万"。一个做小本买卖的商贩，做了几年，竟然盈利巨万。还有一个小贩王五郎，"初为细民，负担贩油，后家道小康，启肆于门"。一个走街串巷的卖油郎最后让家里过上了小康生活，开了酒肆。还有一个婆婆，"专养母猪，多育豚子，贸易与人，一岁之间，动以百数"，这位婆婆靠着养猪发家致富。

按照苏辙《论雇河夫不便札子》中的陈述，"民间出雇夫钱，不论远近，一例只出二百三十文省"，意思是，打日工的普通人，每天的工钱是二百三十文。《萍洲可谈》中记载："日给雇钱人二百，往往远指程驿，务多得雇钱。"这些都算是体力劳动，对于一些文书抄写的活，"每月各人支钱三贯五百文，每日写字二千五百"，平均一天约挣一百一十六文。周行己《浮沚集》中记载，有个叫乐生的人，每天在街巷叫卖，只要赚够百文钱就不干了，就逍遥自在去了。可见，普通小贩日赚一百文并不难。

到大相国寺逛庙会

关于汴京城大相国寺的由来，《西游记》中有这样一个传说：魏徵梦斩泾河龙王之后，怨气滔天，要找李世民报仇，并把唐太宗李世民的魂魄拉入阴曹地府对峙，对峙完后，唐太宗被一群枉死的孤魂野鬼拦住了去路。经过判官崔钰指点，唐太宗想到要用钱财打点。正好有一个叫相良的人，他和妻子在河南开封府以贩卖乌盆瓦器的小本生意为生，经常把多余的财务用来供养僧人，并经常买来金银纸锭，记库焚烧，广积阴财。相良在冥府中积累了十三库金银，借了其中一库给落难的唐太宗。唐太宗允诺回阳世后归还，继而将金银散给了面前的拦路鬼，才得以还阳。当唐太宗差人携大批金银报恩时，相良惶恐不肯接受。于是唐太宗将这些金银用来修建寺院，名为"敕建相国寺"。

青绿山水图　南宋　赵伯驹

北宋时期，大相国寺经过宋太祖和宋太宗时期的大规模扩建，成为当时最大的佛教道场。相国寺不仅是宗教场所，还发挥着物资交流的作用。据《东京梦华录》中记载，相国寺每月开放五次，老百姓可以在此期间进行商品交易。就像现在某些地方会定期举行庙会一样。

在相国寺逛庙会，可以买到的东西品种非常丰富。大三门卖飞禽猫犬、珍禽异兽。要是喜欢小动物，可以去那里参观，喜欢的可以带一只回去，荣膺"铲屎官"；第二、三门，卖日常物品；寺院里还有搭棚或是露天的铺位，卖弓箭、洗漱用品、水果、肉脯之类；佛殿周围，有卖笔墨的，还有卖冠的；若是想要买点手工艺品，可以去走廊看看，这里有绣

带着指南回大宋

作、抹领、珠翠、帽子、幞头等，都是各个寺院的师姑做的；如果要想寻点新鲜的玩意儿，还得往佛殿后面走，资圣门前有被罢官的官员卖土特产和香药的，这里还有卖文物和书籍字画的；后面的走廊，则有人占卜算卦。

南宋禅僧道济，也就是"济公"，是最油滑的吃货。其实大相国寺的僧人，有的也是"酒肉穿肠过，佛祖心中留"。宋人张舜民《画境录》中记载了这样一个大相国寺僧人的形象。这个僧人被称为惠明和尚，厨艺高明，尤其是烧得一手好吃的猪肉，一顿能烧五斤。北宋翰林学士杨忆经常和人来这里品尝，调侃说你这个饭店被远近八方的人称作"烧猪院"，你一个僧人难道没觉得不安吗？于是他提议把这个饭店改名为"烧朱院"，稍作避讳。由此可见，北宋时期的大相国寺可不是什么世外之地，而是人间修习和娱乐之所，烟火缭绕，非常有情趣。

跟杨忆一样的文人学士，最喜欢逛的地方之一就是大相国寺了。比如李清照和赵明诚就经常到大相国寺去讨欢喜。不仅能沾点热闹，开怀心情，还能顺道"淘点宝"。说不定不经意间就能得到两本古书、几件古董字画。对他们来说，庙会，真的是"妙会"呢！

皇帝有时也光顾大相国寺。据《能改斋漫录》中记载："仁宗朝，江沔，建州人，以布衣游场屋三十年未成名……又游相国寺，与众书生倚殿柱观倡优。"王安石也记录过大相国寺的表演，他作了一首诗《相国寺启同天节道场行香院观戏者》：

> 侏优戏场中，一贵复一贱。
> 心知本自同，所以无欣怨。

据《宋会要辑稿》中记载，北宋历代皇帝正月十四都要巡幸大相国寺焚香，并且与近臣宴饮观灯。《大相国寺碑铭》中描绘了这一场景："巡礼围绕，旃檀众香……又若天仗还都，凤楼肆赦。千乘万骑，流水如龙。旌旗蔽空，歌吹沸渭。"真是气势如虹，君临天下的气势一览无余。

大相国寺如此开放和接地气，是因为其僧众能审时度势，圆融方便。当初唐武宗发起灭佛运动的重要原因就是经济问题，认为"穷吾天下，佛也"。当时佛教僧人不事生产，佛寺建造又动辄耗费千万资材，再加上有的出家人并非真正清心寡欲，而仅仅为求一庇护之所。如此一来，不能与社会的发展相协调，也就面临着祸患。而北宋时期的大相国寺也许吸取了前朝的经验，一开始就显得很配合。欧阳修在《归田录》中记载：

太祖皇帝初幸相国寺，至佛像前烧香，问当拜与不拜，僧录赞宁奏曰："不拜。"问其何故，对曰："见在佛不拜过去佛。"赞宁者，颇知书，有口辩，其语虽类俳优，然适会上意，故微笑而颔之，遂以为定制。至今行幸焚香，皆不拜也。议者以为得体。

皇帝去相国寺进香，到底要不要拜？这是宗教信仰与世俗权威的一大矛盾。而赞宁禅师巧以"现在佛不拜过去佛"来应对，可谓十分机智。一句话，就让这两大体系巧妙地融合在一起。大相国寺能成为代表大宋门面的规模化皇家寺院，也与此有着千丝万缕的关系。北宋时，大相国寺内外风俗一气相通，寺内办庙会、开饭店等繁华的商业活动，比之寺外更是热闹异常。文人俗士广集于此，使大相国寺香火十分鼎盛。

第五章

宋代人的生意经

买盐买酒，请到全国统一赵记商号

在大宋，盐业属于朝廷专卖的范围。宋代实行榷盐制度，贩盐业务由官府垄断经营。《宋史》中记载："宋自削平诸国，天下盐利皆归县官，官府通商，随州郡所宜，然亦变革不常，而尤重私贩盐之禁。"

朝廷十分重视食盐榷卖制度，这是一项关乎朝廷财政收入的大事。在中央，在三司设置盐铁使，下设直属的京师榷货务主办盐的专卖和盐课收入。在地方，由朝廷亲自委派或者地方官员兼管。榷盐制度也导致官员对百姓的层层盘剥，榷盐的收入除了满足达官、权贵、盐商等人的私利外，多数都充作军用。

对于私盐贩子，朝廷会予以强烈的打击。据《续资治通鉴》中记载，宋太祖曾颁布法令："官盐阑入禁地贸易至十斤，煮碱至三斤者，乃坐死。民所受蚕盐入城市，三十斤以上者，奏裁。"贩卖如此少数的私盐要遭受如此重的惩罚，可见朝廷对私盐贩子的打击力度。王安石《上运使孙司谏书》中说："买卖私盐，听人告，重给赏，以犯人家财给之。"可见，检举私盐贩子获得的封赏十分丰厚。

尽管朝廷对私盐贩子有如此大的打击力度，但贩卖私盐仍大有人在。苏轼曾在《上文侍中论榷盐书》中表示："两浙之民以犯盐得罪者，一岁至万七千人而莫能止。"贩盐的利润应该很丰厚，不然不至于有那么多人铤而走险。《夷坚志》中记载了一个叫闻大翁的人，"以贩盐致富，家资巨亿"。还有人自己"造大舰"，带着巨资去淮东买盐，可谓"富贵险中求"啊。

酒在宋朝实行的也是专卖制度。宋朝有很多爱酒之人，并流传下颇多与酒有关的佳作，这与大宋对酒的提倡分不开关系。宋朝对商业比较重视，对酒业采取了"榷酒"制度。宋人周辉在《清波杂志》中说："榷酤，创始于汉，至今赖以佐国用。"

宋朝对酒业把控较严，据《宋史》中记载，诸州城内的酒，都由官方酿造和售卖，民间不能私自酿酒。像县、镇、乡、间这样的地方百姓可以自己酿酒，但是要交一定的赋税。如果盈利较多，就要改成官酤。在京城，酒曲被国家垄断，正店从官方买酒曲酿酒，脚店从正店批发。

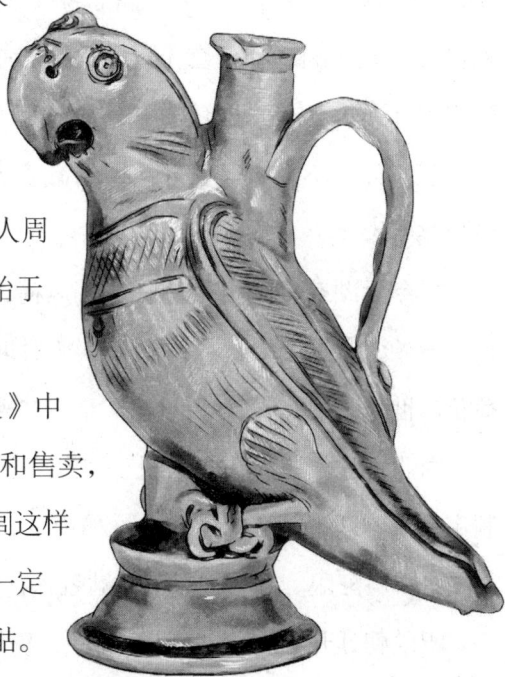

黄釉陶鹦鹉壶　北宋

《梦粱录》中说："大抵酒肆除官库、子库、脚店之外，其余谓之'拍户'。"官库经营的酒店属于国营酒店，子库相当于分店。《东京梦华录》中记载："正酒店户，见脚店三两次打酒，便敢借与三五百两银器。以至贫下人家，就店呼酒，亦用银器供送。"这说明脚店不仅批发正店的酒，还能向正店借装酒的银器。可见宋代的脚店老板是比较讲信用的，不然正店也不敢把东西借给他。

苏颂的《魏公谭训》中记载了一个正店伙计逆袭成正店老板的故事。一个孙姓的酒博士，在正店表现特别好，老板便借给他钱，帮助他开了家脚店。他非常有经商头脑，"置图画于壁间，列书史于几案，为雅戏之具，皆不凡"，凭借着诚信的服务态度和高超的营销技巧，吸引大批客人前来，最后逆袭开了家正店，"建楼，渐倾中都"。

《宋史》中记载："太宗即位，以赦复授旧官。时初榷酒，以承恭监西京酒曲，岁增课六千万。"可见，酒业税收在大宋税收中占据一席之地。如果发现私自酿酒贩卖的，朝廷会予以严厉的打击。比如，《宋会要》中记载，宋太祖建隆二年（961年）四月曾下令："应百姓私造曲十五斤者，死；酝酒入城市者，三斗死，不及者等第罪。买者减卖人罪之半，告捕者等第赏之。"可谓相当严酷了。

如今西湖有一个名景——曲院风荷，其名称由来也与宋朝官方酿酒有关。据《西湖游览志》中记载："麴院，宋时取金沙硐之水造麴，以酿官酒。其地多荷花，世称'麴院风荷'是也。"至于"麴院"改"曲院"，那是清朝的事了。

酒业官营，久而久之出现了"酝齐不良，酒多淡薄"的现象，朝廷不得不制定相应的政策以保证酒的质量和销量。朝廷下诏："诸州，军酒务委监官亲视兵匠，尽料酝酿。其有酸败不任酤者，官吏悉均偿之。"

所以朝廷开始实行"市场经济"，采用买扑制度，也称"扑买"，即朝廷招人来承包酒业，采用实封投状的形式，"拆封日取价高者给之"，这和现在的招标形式差不多。如果中标者反悔了，那么得交些罚款。

据《宋会要辑稿》中记载，宋仁宗在天圣五年（1027年）下诏："白矾楼酒店如有情愿买扑出办课利，令于在京脚店小户内拨三千户，每日于本店取酒沽卖。"朝廷为了卖出樊楼的经营权，下令让京城三千脚户来樊楼买酒。

宋代的扑买不仅限于酒业。扑买通常会给出具体的承包期限，如果扑户还想继续承包，就要在期满的前一年提出申请，如果愿意继续承包还能享受分期付款的优惠政策。而且原扑户享有优先权。

宋朝还实行过"明状添钱"的买扑形式，顾名思义，就是明着竞争，类似现在的拍卖，价高者得。这对扑户来说，可能因为竞争对手哄抬价格，导致价钱飞涨，收不回成本。

江湖走标船：繁盛的航运经济

宋代长途贩运的兴盛与商品经济的发展和航海技术的发展有着莫大的关系。《清明上河图》上随处可见买卖的场景，万姓交易缔造了大宋辉煌的商业版图。《梦粱录》中记录了海船的规模："海商之舰，大小不等，大者五千料，可载五六百人；中者二千料至一千料，亦可载二三百人；余者谓之'钻风'，大小八橹或六橹，每船可载百余人。"在宋代，人们已经掌握了一定的天文地理知识，并且开始使用指南针。据《萍洲可谈》中记载："舟师识地理，夜则观星，昼则观日，阴晦则观指南针。或以十丈绳钩，取海底泥嗅之，便知所至。"

南方少战乱，为发展海上贸易提供了稳定的环境。苏轼曾说"惟福建一路多以海商为业"，对于这种贩海之商，"江、淮、闽、浙处处有之"。宋代《乾道四明图经》中说："明之为州，实越之东部。观舆地图，则僻在一隅，虽非都会，乃海道辐凑之地。故南则闽广，东则倭人，北则高句丽，商舶往来，物货丰衍。"由此可见，东南沿海商业发展的繁荣。

宋代长途贩运的范围已经跨出国门。不仅有在国内贩运的商人，还有远赴海外进行贸易的商人。国家推行海外贸易，还设置专门的市舶司进行管控。宋太祖开宝四年（971年），朝廷在广州设立市舶司。宋真宗咸平二年（999年），又在明州设立市舶司。市舶司的设立，表明大宋对海外贸易的重视，宋神宗曾就海外贸易的获利情况说："东南利国之大，舶商亦居其一焉。昔钱、刘窃据浙广，内足自富，外足抗中国者，亦由笼海商得术也。"对于一些做得好的负责商贸的官员，朝廷还会予以嘉奖。宋高宗曾下诏："蕃舶纲首蔡景芳特与补承信郎，以福建路提举市舶司言，景芳招诱贩到物货，自建炎元年至绍兴四年收净利钱九十八万余贯，乞推恩故也。"

宋太宗曾经下令，"遣内侍八人，赍敕书金帛，分四纲，各往海南诸蕃国勾招进奉，博买香药、犀牙、真珠、龙脑，每纲赍空名诏书三道，于所至处赐之"。意思是，宋朝要远赴海南诸蕃国进行采买。

宋代地理学家赵汝适的《诸蕃志》中记载了中外海上贸易的发展。比如宋朝商人抵达渤泥国，曾被国王及其眷属、臣僚热情招待，"船人用锦藉跳板迎肃，款以酒醴，用金银器皿、褥席、凉伞等分献有差。既泊舟登岸，皆未及博易之事，商贾日以中国饮食献其王"。意思是，双方交换礼品，进行议价的活动。《宋史》中记载："岭南平后，交阯岁入贡，通关市。并海商人遂浮舶贩易外国物。"

不光宋朝人去海外贩运，外国人也来宋朝做买卖。南宋绍熙年间，一位在明州定海县做官的官员陈造写了《定海四首》："官廨盐烟外，居人杂贾胡。听言须画字，讨海倚输租。"他讲述了在定海这个地方，有外国人和本地人杂居，语言不通，需要画出来。

在宋代水路贸易中，有一个词叫"塌房"，宋代的"塌房"指的是货仓。据《梦粱录》中记载，临安城"且城郭内北关水门里，有水路周回数里。自梅家桥至白洋湖、方家桥，直到法物库市舶前，有慈元殿及富豪内侍诸司等人家于水次起造塌房数十所，为屋数千间"，这些塌房是用来做什么的呢？"专以假赁与市郭间铺席宅舍及客旅寄藏物货，并动具等物"，也就是租给店铺、旅客等存东西用的。这种塌房安全性较高，"四面皆水，不惟可避风烛，亦可免偷盗，极为利便"。另外，其安保措施也不错，因为塌房的主人会"月月取索假赁者管巡廊钱会，顾养人力，遇夜巡警，不致疏虞"。所以做生意的人，要是有贵重货品，存到这儿准没错。

生活在宋朝，不仅能购买各种各样的宋产商品，还有机会购买到进口货物，是不是很时髦呢？

宋人的营销：请明星代言，吸引众人眼球

宋代商品经济获得了高度发展，大城市店铺林立，商贩云集，自然也存在各种竞争。有竞争就有营销，各个店铺使尽浑身解数，吸引顾客。我们来一探究竟。

宋代店铺打广告的方式有以下几种。

第一种是招牌广告。

招牌广告通常以"酒旗"的形式出现。酒旗一插，人们就知道哪里有饭店，用陆游的话来说就是"小市酒旗能唤客"。放眼《清明上河图》，酒旗飘飘，哪里有酒旗，哪里就有食客。这种以酒旗做招牌广告的形式古已有之，《韩非子》中，记载了宋人酒店使用酒旗的事："宋人有酤酒者，升概甚平，遇客甚谨，为酒甚美，县帜甚高，然而不售，酒酸。"此"宋人"非宋朝人，指的是春秋战国时期的宋国人。

酒旗是比较常见的形式，一般是清白布做的。当然也有些酒店比较个性，悬挂其他物件。比如洪迈《容斋随笔》中记载："今都城与郡县酒务，及凡鬻酒之肆，皆揭大帘于外，以青白布数幅为之，微者随高卑小大，村店或挂瓶瓢、标帚秆。"村店显然不走寻常路，挂瓶瓢，标帚秆，独具乡村特色，据他的描述，这种广告形式也不是偶一为之，而是村店的共同作风。

有些招牌广告写得比较清晰，卖什么写得清清楚楚。比如，卖饮料的写着"香引子"。宋朝的商业广告中不乏这方面的上乘之作，如洪迈《夷坚志》中记载了临安城一家药店卖"治暑泄药"的广告，内容是："暑毒在脾，湿气连脚，不泄则痢，不痢则疟。独炼雄黄，蒸饼和药。甘草作汤，服之安乐。别作治疗，医家大错。"短短几句就把药物的功效、适用症状、成分等交代清楚了。如果有人有需求，直接进去买就可以了。

有的广告打在户外，就像现在的大商场，远远看去就知道里面有什么品牌，也像现在的商家路标指示，"向前五十米为某饭店"。欧阳修《归田录》中说："京师食店卖酸馅者，皆大出牌榜于通衢。"把广告打到户外，算是很有营销意识了。

第二种是名人广告，利用的是名人效应。

苏轼曾给一个卖油馓子的老婆婆写了一首诗打广告。即"纤手搓来玉色均，碧油煎出嫩黄深。夜来春睡知轻重，压匾佳人缠臂金。"苏轼是一个乐于助人的人，对商贩也格外热情。《春渚纪文》中记载，苏轼在钱塘时，有个人欠了许多债。苏轼询问得知，原来这家人"以制扇为业"，恰逢家中父亲去世，再加上"自今春以来，连雨天寒"，扇子卖不出去。苏轼一听，让他取来扇子。这个人取了白团夹绢二十扇，苏轼"就判笔作行书草圣及枯木竹石"，很快把这二十把扇子画完了，然后对他说，你去把欠债都偿还了吧。这个人感激涕零，"始逾府门，而好事者争以千钱取一扇，所持立尽，后至而不得者，只懊恨不胜而去"。大家都争着抢着买苏轼画的扇子，很快这些扇子就被高价卖完了，他的债务也还完了。

宋嫂鱼羹因宋高宗赵构而闻名南宋，据《枫窗小牍》中记载："宋五嫂，余家苍头嫂也。每过湖上，时进肆慰谈，亦他乡寒故也。悲夫！"宋五嫂是汴京人，她的口音激起了赵构的思乡之情，所以经常光顾。宋高宗的举动带动了百姓争相效仿，来吃宋嫂鱼羹的人络绎不绝，有宋高宗这个大 V 的加持，效果就是不一般。

第三种是吆喝，这属于有声广告。

一些酒店前有店小二叫着喊着招揽客人，小摊贩们则担着担子沿街叫卖。宋代高承在《事物纪原》中说："京师凡卖一物，必有声韵，其吟哦俱不同，故市人采其声调，间以词章，以为戏乐也。今盛行于世，又谓之吟叫也。"这和咱们今天去逛旅游景点，街上的饭店叫卖声差不多。

商贩们都叫卖，那么，如何在众多的店家中脱颖而出呢？庄绰《鸡肋篇》中说："京师凡卖熟食者，必为诡异标表语言，然后所售益广。"叫卖声往往标新立异，比如有一个卖环饼的人，不说自己卖啥，只说"亏便亏我也"。

吆喝久了费嗓子，走街串巷的货郎如果总是喊来喊去，那嗓子都要冒烟儿了。所以他们开始使用拨浪鼓，苏汉臣《货郎图》中的小贩就手摇拨浪鼓吸引人们的注意。久而久之，拨浪鼓成为货郎的代名词，有些地区称呼这种沿街叫卖的货郎为"拨浪挑子"。

第四种是装饰广告。

有的商家会将店铺装饰得红红火火或别具一格，以吸引客人的眼光。比如，东京城内的酒店"皆缚彩楼欢门"。有的还会装饰各式各样的灯，如孟元老所说："诸坊巷：马行诸香药铺席、茶坊、酒肆灯烛，各出新奇。"《都城纪胜》中说："酒家事物，门设红杈子绯绿帘贴金红纱栀子灯之类。"

室内装饰也越来越精致。"大茶坊张挂名人书画，在京师只熟食店挂画，所以消遣久待也。"这种营销方式深受文人士大夫的欢迎，苏轼说"尝茶看画亦不恶"、文与可说"唤人扫壁开吴画，留客临轩试越茶"，说的就是这种形式。

第五种是活动营销。

比如遇到酒库新酒上市的时候，《都城纪胜》中记述，"天府诸酒库，每遇寒食节前开沽煮酒，中秋节前后开沽新酒。"如何宣传呢？妓女们穿着鲜艳，"一等特髻大衣者；二等冠子裙背者；三等冠子衫子裆裤者"，乘马出行，吸引人们观看，还要作乐，表演百戏。

许多大酒肆也会有不同的表演，"新声巧笑于柳陌花衢，按管调弦于茶坊酒肆"是汴京的常态。一些酒楼茶肆，经常有表演说书、吹拉弹唱等节目，还有妓女作陪。

第六种是特色营销。

经营特色产品，获得独家优势。大多数正店都有自己酿酒的品牌，喜欢喝

江山秋色图（局部）　南宋　赵伯驹

这个品牌的酒，自然会光顾这家酒楼。如想喝眉寿酒与和旨酒，就必须去丰乐楼。还有一些比较著名的店铺，比如郑家油饼、曹家从食等，因经营特色美食而深受欢迎。

　　临安城流行船宴，《都城纪胜》中记载，西湖的舟船，"大小不等，有一千料，约长五十余丈，中可容百余客；五百料，约长三二十丈，可容三五十余客"，这些船设计得十分美观，行舟也平稳，如履平地。坐船可以观看水戏，争标弄潮，这些大船无疑是临安的特色产品，以至于"节日大船，多是王侯节相府第及朝士赁了，余船方赁市户"。如果想要坐船观赏，那么不光得提前预订，还得花很多钱，毕竟这船是一票难求。这里人山人海，锣鼓喧天，西湖老人说，"岸上游人，店舍盈满。路边搭盖浮棚，卖酒食也无坐处，又于赏茶处借坐饮酒。南北高峰诸山寺院僧堂佛殿，游人俱满"。宋时节日西湖的热闹，不输于现在的黄金周。

　　第七种是优惠促销。

　　商家通过打折、赠礼品等方法，促进产品销量。《东京梦华录》中记载了樊楼的促销活动。"初开数日，每先到者赏金旗，过一两夜则已。元夜，则每一瓦陇中，皆置莲灯一盏。"有的商家，不光可以试吃，临走还送你点儿，"最是风流少年，沿途劝酒，或送点心"。

　　　　　　　带着指南回大宋

据《梦粱录》中记载，临近过年，很多店铺都会做买赠活动，"席铺百货，画门神、桃符、迎春牌儿，纸马铺印钟馗、财马、回头马等，馈与主顾。更以苍术、小枣、辟瘟丹相遗。如宫观羽流，以交年疏、仙术汤等送檀施家。医师亦馈屠苏袋，以五色线结成四金鱼同心结子，或百事吉结子，并以诸品汤剂，送与主顾第宅，受之悬于额上，以辟邪气"。顾客收到这些辟邪、吉祥的小礼物，应该会非常开心的。

第八种是节日促销。

在宋代，节日不光会有优惠促销，还会通过关扑等策略进行促销。"正月一日年节，开封府放关扑三日。士庶自早互相庆贺，坊巷以食物、动使、果实、柴炭之类，歌叫关扑。"

南宋临安城的关扑较之汴京更为常见，没有节日的限制，随时可以关扑，随便一种物件都能拿来关扑。据《梦粱录》中记载："大街关扑，如糖蜜糕、灌藕、时新果子、像生花果、鱼鲜、猪羊蹄肉，及细画绢扇……诸般果子及四时景物，预行扑卖，以为赏心乐事之需耳。"

不过要说销量最好的时间，还得在节日或节庆等大事件期间。比如清明时节，临安的酒库会举行开煮的仪式，这时"游人随处品尝。追欢买笑，倍于常时"。所以商家抓住节假日，都会大赚一笔。

第九种是品牌营销。

比如《清明上河图》中的"刘家上色沉檀楝香""王家罗锦匹帛铺""孙羊正店""赵太丞家药肆"都属于品牌店铺，看见他们店的招牌就可以放心进去选购，因为他们的店铺已经做大做强，产品的质量是有保证的。

学了这么多古人营销的手段，是不是感受到今天的营销都是古人玩剩下的？

超前的品牌意识：济南刘家功夫针铺，认准门前白兔儿

宋代的商家已经具备品牌意识，且非常重视品牌营销，并体现在各行各业中。

由于印刷术的进步，宋代出现了很多铜版印刷广告，比如济南刘家功夫针铺的铜版广告，广告中间画的一只玉兔手执玉杵，这是刘家功夫针铺的商标logo，上面写着"济南刘家功夫针铺"，中间部分商标的两侧写着"认门前白兔儿为记"，下面也印有一些文字，内容为"收买上等钢条，造功夫细针，不误宅院使用，转卖兴贩，别有加饶，请记白"。从这短短的几十个字，可以看出刘家功夫针宣传自家的用料讲究、质量上乘，还有一定的分销优惠，而且还集原料收购、生产加工和批发贩卖为一体。其实像济南刘家功夫针铺这样重视品牌的店家不在少数，他们都会采用很多措施来维护自己的品牌。

第一，商家会营造干净的环境。一些小店虽没有樊楼这种大型酒店的财力，但"苔花如米小，也学牡丹开"，他们把自己的店铺打扫得干净明亮，服务周到热情。比如南宋王明清在《摭青杂记》中记载了樊楼旁的一个酒肆，"甚潇洒清洁，皆一品器皿，椅桌皆济楚，故卖茶极盛"。虽然这个茶肆沾了点樊楼的光，一定程度上受到樊楼集聚效应的营销，但不可否认他凭借自己的特色获得了很多顾客的认可。

据《梦粱录》中记载："杭城风俗，凡百货卖饮食之人，多是装饰车盖担儿，盘盒器皿新洁精巧，以炫耀人耳目……及因高宗南渡后，常宣唤买市，所以不敢苟简，食味亦不敢草率也。"每个小商贩都有自己的操守，尽己之力做到尽善尽美，不能因为店面小就马虎随意。

第二，宋朝出现了专门做某类饮食或服务某类人的店铺。比如有专门的素食店，也有专门的副食店、冷饮店，还出现了专门服务执勤的金吾卫的二十四

小时营业店铺。

第三，重视诚信经营。樊楼旁的那家小茶肆，在熙宁元丰年间，一位姓李的人与朋友在店里饮茶，走时忘了拿钱袋，当时钱袋里钱还不少，有几十两黄金。很多年后，这位李官人再次来到茶肆，和同行的人提起这件事，刚巧被店主听见了。店主说："官人所说的那个钱袋，被小可拾得。如果和你说的数额相符，便可领去。"李官人一听又惊又喜："店家果真拾得，我当奉送一半。"店主笑而不答。

店主将客人遗留的物品都放在阁楼上，然后标明哪件物品是哪年哪月哪日被遗留下来的，大约是被什么样外貌特征的人遗失的。店主在这些物件中找到了一个小包袱，询问李先生包中是何物品，李官人如数回答，店主打开一检查，对得上，证明确有其事，确实是这个人遗失的，然后就全部还给了李官人。李官人也按照之前说的分一半给店主，但是店主拒绝了，说如果自己重利轻义，那早就把这些藏起来了，又怎么会再拿出来呢？这件事赢得了在座所有人的称赞。

南宋施德操《北窗炙輠录》中记载了一个诚信的染坊老板陶四翁，他曾经花了四百万钱买了紫草，有个骑马的人来一看，说"此伪草也"。是假货，因为"此蒸坏草，色泽皆尽矣，今色外阙，实伪物也，不可用"。陶四翁一试，果不其然，真的是假紫草。这个骑马的人说："毋忧，某当为翁遍诸小染家分之。"这批假紫草，骑马的人能帮他处理了。结果第二天此人一来，陶四翁将这些假紫草付之一炬，说道："宁我误，岂可误他人耶！"其实当时陶四翁并不太富有，四百万钱的紫草对于他来说是笔不小的数目，但是他诚信经营，不想祸害其他人。之后，陶四翁的生意做得风生水起，"其后富盛，累世子孙登第者亦数人"。这和陶四翁的言传身教以及家教的传承脱不开关系。

第四，周到的服务意识。在宋代，顾客一到店，就有伙计热情地招呼，并推荐各种酒食。《武林旧事》中记载："凡下酒羹汤，任意索唤，虽十客各欲一味，亦自不妨。过卖铛头，记忆数十百品，不劳再四，传喝如流。"就算只是一个人要一种花样，伙计也不会嫌麻烦，顾客点什么，他们都能记得很清楚，而且上菜也很快，"逐时旋行索唤，不许一味有阙。或别呼索变造下酒，亦即时供应"。当然要提供如此周到的服务与雇用一个好厨师直接挂钩，孟元老记述："卖贵细下酒，迎接中贵饮食，则第一白厨，州西安州巷张秀。以次保康门李庆家，东鸡儿巷郭厨，郑皇后宅后宋厨，曹门砖筒李家，寺东骰子李家、黄胖家。"这些名厨厨艺高超，能吃到他们做的饭，也不算亏待了胃。如果吃完想打包，或者想在家吃，有些店面还会专门派人给送过去。

如果穿越到宋朝，该光顾什么样的店铺，现在心里有数了吧？

第六章

宋朝的腔调：将高品位进行到底

西园雅集，朋友圈的正确打开方式

宋朝人爱喝酒，但文人士大夫不喜独饮，而是采用宴饮的方式"与众乐乐"。欧阳修曾经和客人于醉翁亭饮酒，而且"醉能同其乐，醒能述以文"，可见这不仅是一场宴饮，只道"我给你斟满，你给我喝干"，还是一场雅集，时常以文会友，以诗相和，琴棋书画与酒茶香花一起助兴，真的是自由自在，又风雅无边。由此可见，宋朝人朋友圈的打开方式，多少是有些高级审美的。

其实，雅集这种方式，在古代是一种常见的文人风气。历史上最负盛名的有三大雅集。首先是三国时期的"邺下雅集"，曹操、曹丕、曹植父子三人常常在邺下组织游宴，进行诗歌酬唱活动，开启了强劲的邺下文风。如果说"邺下雅集"是"诗酒唱和领群雄，文人雅集开风气"，那么"兰亭雅集"则将文士的聚会向着风雅艺术的方向提升。这次雅集所采诗的方式是"曲水流觞"，是东晋文人的一大创举。文人让酒杯顺流水蜿蜒而下，漂到谁的跟前，此人就要作一首诗。于是37首诗作应运而生，汇编为《兰亭集》。在山水之乐的欢愉中，王羲之更是即兴写出了流传千古的《兰亭集序》，成为书法史上的传奇。第三次盛大的雅集就是北宋时期的"西园雅集"，它开启了文人雅集的另一重境界。

元丰初年，驸马王诜邀请苏轼、黄庭坚、米芾、蔡襄、李公麟等16位文艺大咖会集于他的家宅西园。作为书画鉴赏家和皇亲国戚二位一体的人物，王诜不仅将西园建设得环境清雅，又不失富丽奢华，而且专门在家中开辟了一个藏宝室，收藏古今名家字画。既有锦衣玉食、弹丝吹竹、清觞美酒和丰富典藏，又怎能少了高朋满座、高谈阔论呢！这次的西园雅集比之前的兰亭雅集更自由。与会者李公麟是当时的大画家，即兴而作《西园雅集图》，将当时的场景惟妙惟肖地描绘了出来。在这次集会上，烹茶品茗代替了流觞饮酒，内容也不限于诗文的创作，有的人挥毫大秀书法，有的人打坐参禅，有的人抚琴作兴，有的人欣赏典藏，当然还有李公麟在即兴作画。空气中弥漫着怡然自得的况味，人们对于自然之境的追求，在现实生活中达到了极致。如今看来，西园雅集也是一场令人思慕不已的盛会。

兰亭雅集让书法《兰亭集序》久负盛名至今，而西园雅集也让书画鉴赏和收藏之风蔚然。李公麟的《西园雅集图》艺术价值之高，不仅在于其栩栩如生的人物画像，还在于书法家米芾所作的图记。李公麟完成画作后，米芾欣然提笔写道："水石潺湲，风竹相吞。炉烟方袅，草木自馨。人间清旷之乐，不过如此。嗟呼！汹涌于名利之域而不知退者，岂易得此哉！"境界之旷达，与书法龙蛇蜿蜒的格调完美搭配，让《西园雅集图》的艺术境界更上一层楼。到了元朝后期，有位叫顾瑛的江南名士，仿宋代王诜的西园建造了闻名一时的"玉山佳处"。并时常召集文人雅集，酬唱诗文，交流书画，称为"玉山雅集"。当时的大画家张渥仿李公麟的手法，也作了一幅《玉山雅集图》。文学家杨维桢为其作图记，称西园雅集"过于华而靡"。即便如此，玉山雅集也没能走出西园的框架，这里的一切活动，都没有脱离西园雅集的影响，当然也无法超越了。

明代仇英摹绘《西园雅集图》，则是因为西园雅集的16位名士都是古往今来堪称奇才者，他心生敬仰而作临摹。除了仇英，古今著名的画家刘松年、赵孟頫、钱舜举、唐寅等人都画过《西园雅集图》，可见此次雅集对后世绘画艺术的影响之深远。

不过，没有情致的传承，画作的临摹也会失去其灵魂。不管是雅集，还是作画，重在追求一种超然的理想化境界，如清代文人张潮所说："人莫乐于闲，非无所事事之谓也。闲则能抚琴，闲则能游名山，闲则能交益友，闲则能饮酒，闲则能著书，天下之乐，孰大于是。"

硬核收藏：藏书一万卷

说起宋代收藏，人们首先想到的就是李清照、赵明诚夫妇。赵明诚在《金石录·序》中写道："余自少小，喜从当世学士大夫访问前代金石刻词。"《金石录后序》写了赵明诚有"尽天下古文奇字之志"。志同道合的夫妇二人经常把玩古玩书画，"质衣取半千钱，步入相国寺，市碑文果实归，相对展玩咀嚼"。如此清贫朴素的李清照和赵明诚让我们看到他们真实动人的一面。

他们夫妇二人收藏了大量的金石资料，并对其进行记录、研究、考证，终成《金石录》一书，为人们留下丰富的瑰宝。只可惜这些金石拓片、古器、书画在动荡的北南宋之交，大部分或散佚或被毁，令人惋惜。

欧阳修也是金石爱好者和收藏者，他曾搜集到一千多件古代拓片，整合而成《集古录》，堪称大手笔。欧阳修自号：六一居士："吾家藏书一万卷，集录三代以来金石遗文一千卷，有琴一张，有棋一局，而常置酒一壶。"朋友问："是为五一尔，奈何？"他答道："以吾一翁，老于此五物之间，是岂不为六一乎？"可见，收藏金石遗文是他引以为傲的事情。欧阳修家藏书一万卷，堪称大手笔。宋代有很多像他这样的藏书人，有自己的私人图书馆。

北宋有一位藏书家宋敏求，据《曲洧旧闻》中记载，他"居春明坊时，士大夫喜读书者，多居其侧，以便于借置故也。当时春明坊宅子比他处僦值常高一倍"。因为他居住在春明坊，春明坊的房租都涨了。据《宋史》中记载，胡仲尧，"累世聚居，至数百口。构学舍于华林山别墅，聚书万卷，大设厨廪，以延四方游学之士"。

宋代人藏书并不为独享，而是与其他人共享。《广信府志》中记载了赵不迁

博古图　南宋　佚名

的藏书楼："绍熙、庆元间，直敷文阁赵不迁建书楼于江西铅山县，以供众览。谓邑人旧无藏书。士病于所求，乃储书数万卷，经、史、子、集分四部，使一人司钥掌之。来者导之登楼，楼中设几席，俾能纵览。"这家藏书楼还专门提供了座位供人阅读。

辛弃疾曾说郑元英的巢经楼可以阅读，但不能往出借："楼之侧有尚友斋，欲借书者就斋中取读，书不借出"。张弋曾作《夏日从陈宗之借书偶成》云："案上书堆满，多应借得归。"可见陈宗之的藏书可以借出来阅读。《鄞县志》中记载，楼钥"东楼"的藏书，"客有愿传录者，辄欣然启帙以授"。

一般来说，文人雅好收藏书画。米芾就是其中一例，他在《画史》中说："凡收画，必先收唐希雅、徐熙等雪图，巨然或范宽山水图，齐整相对者，装堂遮壁，乃于其上旋旋挂名笔，绢素大小可相当成对者，又渐渐挂无对者。盖古画大小不齐，铺挂不端正；若晋笔须第二重挂唐笔为衬，乃可挂也。"大画家对画的研究可谓坚深。黄庭坚称他的收藏为"米家书画船"，足见米芾收藏书画之多。

《石林燕语》中记载了一则米芾收藏的趣闻：

米芾诙谲好奇。在真州，尝诣蔡太保攸于舟中，攸出所藏右军《王略帖》示之。芾惊叹，求以他画易之，攸意以为难。芾曰："公若不见从，某不复生，即投此江死矣。"因大呼，据船舷欲坠。攸遽与之。

蔡太保向米芾展示王羲之的《王略帖》，米芾非要和人家换。蔡太保不愿意，他竟然以死相威胁，蔡太保只好答应了。

周辉在《清波杂志》中说米芾："巧偷豪夺，故所得为多。"不过米芾并不是事事如此精明，他"坑"别人，也有被别人"坑"的时候。苏轼曾给米芾作了一幅画，被驸马王诜截和了。王诜一借不还，他是苏轼的忠实粉丝，便自己收藏了，米芾一直耿耿于怀，在《画史》中说"后晋卿借去不还"。

刘季孙手里有一件墨宝，米芾很想得到。他不惜以十一件宝物交换，分别为欧阳询真迹二帖、王维《雪图》六幅、正透犀带一条、砚山一枚、玉座珊瑚一枝。但是没能成功，因为王诜借走了米芾的砚山。米芾为了表达自己的诚意，又加了一份怀素的真迹。只可惜，刘季孙去世后，这件墨宝被后人卖给了其他人。这件墨宝就是王献之的《送梨帖刻本》。

苏轼曾借走米芾的文房紫金砚，不料不久，苏轼离世，后人准备以此砚陪葬，米芾得知后赶忙写信追回。米芾《紫金研帖》中记载了这个故事："苏子瞻携吾紫金研去，嘱其子入棺。吾今得之，不以敛。传世之物，岂可与清净圆明本来妙觉真常之性同去住哉？"米芾真可谓一个收藏痴了。

除了这些人，宋朝还有很多收藏大家，但最大的收藏家，非宋徽宗赵佶莫属，他"秘府之藏，冲牣填溢，百倍先朝"。蔡絛在《铁围山丛谈》中谈及宋徽宗的收藏：

及即大位，于是酷意访求天下法书图画。自崇宁始命宋乔年侍御前书画所，乔年后罢去，而继以米芾辈。迨至末年，上方所藏，率举千计，实熙朝之盛事也。吾以宣和岁癸卯，尝得见其目，若唐人用硬黄临二王帖至三千八百余幅。颜鲁公墨迹至八百余幅，大凡欧、虞、褚、薛及唐名臣李太白、白乐天等书字，不可胜会，独两晋人则有数矣。至二王《破羌》《洛神》诸帖，真奇殆绝，盖亦为多焉。

此乃文化艺术之幸，江山社稷之祸也。正如苏轼在《宝绘堂记》中旗帜鲜明地表明了自己的态度："凡物之可喜，足以悦人而不足以移人者，莫若书与画。然至其留意而不释，则其祸有不可胜言者。"如果把心思都放在书画上，那祸害就大了。他还举了几个例子："钟繇至以此呕血发冢，宋孝武、王僧虔至以此相忌，桓玄之走舸，王涯之复壁，皆以儿戏害其国，凶此身。此留意之祸

第六章　宋朝的腔调：将高晶位进行到底

101

也。"意思是，钟繇因此呕血盗墓，宋孝武帝和王僧虔由此互相猜忌，桓玄打仗时也要把书画带上船，王涯把书画藏在夹墙内。可以说，这是另一种形式的玩物丧志了。

对于宋朝的收藏之风，苏轼曾写诗讽刺"贵人金多身复闲，争买书画不计钱"，这大概就是大宋版的人傻钱多吧，因此苏轼质疑他们附庸风雅。黄庭坚也对此持相同的态度："藏书务多而不精别，此近世士大夫之所同病。"

收藏是一门学问，不能见东西就收藏，得有自己的见解和坚持，才不至于招来苏轼所说的"留意之祸"。

古老的香文化，宋人竟都沉迷其中

宋人非常喜欢香料，所谓"焚香点茶、挂画插花，四般闲事，不适累家"。虽为闲事，但做起来，宋人可是认真的。宋人对香料痴迷到什么程度呢？大到祭祀，小到饮食，都与香分不开关系。

朝廷设置"榷易院"来管理香料买卖。市舶司有专门运输香药的"香舶"，宫内则设置香药局来主管香料的使用事宜，即"香药局，专掌药碟、香球、火箱、香饼、听候索唤、诸般奇香及醒酒汤药之类"。叶梦得《石林燕语》云："内香药库在谯门外，凡二十八库。真宗御赐诗一首为库额，曰：'每岁沉檀来远裔，累朝珠玉实皇居。今辰御库初开处，充物尤宜史笔书。'"宋朝的香料贸易非常兴盛，从《宋史》中记载的"闽、广舶务监督抽买乳香，每及一百万两转一""大食蕃客罗辛贩乳香直三十万缗"中可见一斑。

宫廷祭祀和庆典用香是最为奢华的。据《宋史》中记载，祭祀天地宗庙等需要焚香，一般的祭祀活动也要焚香。《邵氏闻见后录》中记载了宋仁宗于庆历三年（1043年）焚香祈雨的故事：

仁皇帝庆历年，京师夏旱。谏官王公素乞亲行祷雨，帝曰："太史言月二日当雨，一日欲出祷。"公曰："臣非太史，是日不雨。"帝问故，公曰："陛下幸其当雨以祷，不诚也。不诚不可动天，故知不雨。"帝曰："明日祷雨醴泉观。"

宋仁宗听信太史所言，准备按照预告的前一天去祈雨。但是谏官王公素说皇帝心不诚，不能感动天地，逼得宋仁宗第二天就要去醴泉观祈雨。王公素又怼宋仁宗："醴泉之近，犹外朝也，岂惮暑不远出耶？"意思是，你是不是怕热不想去远点的地方啊，偏偏去那么近的醴泉观。宋仁宗

听阮图　南宋　李嵩

气得面红耳赤，面红耳赤到什么程度呢？"耳已尽赤"，很没面子。所以他厉声说道："当祷西太乙宫。"

等到第二天去祈雨，"日色甚炽，埃雾涨天，帝玉色不怡。"太阳太大，弥漫着热气，宋仁宗脸色也不太好。宋仁宗祈雨很成功，那日果然下了雨。隔天，宋仁宗将王公素叫到宫中，高兴地说："朕自卿得雨，幸甚。"接着说，"昨即殿庭雨立百拜，焚生龙脑香十七斤，至中夜，举体尽湿。"宋仁宗高兴地百拜，通体尽湿，还焚了生龙脑香十七斤。本以为他的虔诚会得到王公素的认可，没想到王公素说："陛下事天当恭畏，然阴气足以致疾，亦当慎。"意思是，宋仁宗恭维地事天是应该的，但是你这样不爱惜身体容易生病，你得谨慎啊！宋仁宗回

答："念不雨，欲自以身为牺牲，何慎也。"斗嘴君臣，属实可爱。

在宋朝，遇到重大的节日和节庆，更离不开香料。据《宋史》中记载：

尝以春秋之季仲及圣节、郊祀、籍田礼毕，巡幸还京，凡国有大庆皆大宴，遇大灾、大札则罢。天圣后，大宴率于集英殿，次宴紫宸殿，小宴垂拱殿，若特旨则不拘常制。凡大宴，有司预于殿庭设山楼排场，为群仙队仗、六番进贡、九龙五凤之状，司天鸡唱楼于其侧。殿上陈锦绣帷帘，垂香球，设银香兽前槛内，籍以文茵，设御茶床、酒器于殿东北楹，群臣盏斝于殿下幕屋。

除此之外，皇帝还会赏赐给后妃、大臣香料。据《武林旧事》中记载："上赏则成号真珠、玉杯（同"杯"）、金器、北珠、篦环、珠翠、领抹，次亦铤银、酒器、冠镯、翠花、段帛、龙涎、御扇、笔墨、官窑、定器之类。"其中"龙涎"是一种珍贵的香料。

文人士大夫爱香，主要是将焚香当作一种雅事，喜欢焚香所展现的意蕴与情调，亦如黄庭坚所讲的"一炷烟中得意，九衢尘里偷闲"。黄庭坚是爱香者，他有诗"险心游万仞，躁欲生五兵。隐几香一炷，灵台湛空明"，认为香能给人带来灵台空明的境界。苏轼是个香料爱好者，他在给黄庭坚的《和黄鲁直烧香二首》里说："不是闻思所及，且令鼻观先参。"这种说法也被称为"听香"。

士大夫的活动离不开焚香。李嵩的《听阮图》描绘了一个士大夫听琴的场景，其中一个仕女正在往香炉里添香丸。刘松年的《松荫鸣琴图》描绘了焚香的情景。周彦邦《苏幕遮·燎沉香》中描绘了焚香消暑的情形："燎沉香，消溽暑。鸟雀呼晴，侵晓窥檐语。"在宴饮时，宋人更离不开香。赵佶的《文会图》中，士大夫饮酒作乐，离不开焚香，图中所绘的石案上可以看到香炉。在茶中加入香料，也成了文人的风雅之事。庄绰《鸡肋篇》中记载："入香龙茶，每斤不过用脑子一钱，而香气久不歇，以二物相宜，故能停蓄也。"还有人雅好往墨中加香，《东京梦华录》中记载了潘谷所卖之墨"香彻肌骨，磨研至尽而香不衰"，深受学子们的喜欢。

"红袖添香伴读书"是文人都心向往之的事情。闺阁女子爱香丝毫不输于文人。温成皇后曾经用苦楝花、荔枝皮、松子膜等制成一款香料，被称为"温成皇后阁中香"，宋仁宗尤为喜欢。苏轼《香说》中记载："温成皇后阁中香，用松子膜、荔枝皮、苦楝花之类，沉、檀、龙、麝皆不用。"

为了保持衣服的清香，宋人会用香料熏衣服和佩戴香包之类的东西。其中有一款蔷薇水，留香持久。刘克庄曾作诗云："旧恩恰似蔷薇水，滴在罗衣到死香。"据《铁围山丛谈》中记载，蔷薇水"洒着人衣袂，经十数日不歇也"，这可比现在的香水留香持久。爱美的女性还会往脸上施以香膏，市场上也有卖"画眉七香丸"的。《陈氏香谱》中记载了一种香发木犀油，人们沐浴的时候会使用。总之，女子把香运用到了极致。通体清香对于一些风雅的贵族女子来说，并不是夸张的称赞之词。

香事渗透在宋人生活的方方面面，并不只是在贵族阶层流行，而是飞入寻常百姓家。据《东京梦华录》中记载："鸡头上市，则梁门里李和家最盛。中贵戚里，取索供卖；内中泛索，金合络绎。士庶买之，一裹十文，用小新荷叶包，糁以麝香，红小索儿系之。"这种小荷叶香包"士庶买之"，价格还算公道，一个只需十文钱。

《清明上河图》中繁华热闹的地带有家"刘家上色沉檀拣香铺"，穿梭于酒肆之间的香婆等都足以说明香料的市场很广。在饮食中加入香料更是司空见惯的事，比如人们宴饮时会喝香酒，即在酒中加入香药，苏合香酒就是此类；天热的时候会喝香饮子；《梦粱录》中有一款叫"狮蛮栗糕"的点心，则加了"麝香"。

大宋朝可谓无香不欢，我们如今使用香薰或喷香水的时候，是否能想起曾有一个时代如此爱香，如此风雅呢？

插花：闺秀必备课

宋代名门闺秀将插花作为追求雅致生活的途径，花插得好不好，体现了闺秀的个人品位。宋人爱花，据《梦粱录》中记载："仲春十五日为花朝节，浙间风俗，以为春序正中，百花争放之时，最堪游赏。都人皆往钱塘门外玉壶、古柳林、杨府、云洞，钱湖门外庆乐、小湖等园，嘉会门外包家山王保生、张太尉等园，玩赏奇花异木。最是包家山桃开浑如锦障，极为可爱。"遇到繁花盛开的时节，人们必出外游赏一番。

生活需要仪式感，插花便是宋人生活仪式感的一种体现。宋代诗文中有很多关于插花的描述，比如，严参《梅瓶》云："小瓶雪水无多子，只篓横斜一两枝。"晁公遡《咏铜瓶中梅》云："折得寒香日暮归，铜瓶添水养横枝。"陈与义《梅花二首》云："画取维摩室中物，小瓶春色一枝斜。梦回映月窗间见，不是桃花与李花。"

关于插花，南宋学者倪思很有研究，他在《经锄堂杂志》中对插花的两条描述，可谓道出了插花的真谛：

养花于瓶，比在树者开落迟数日，盖在树为日色所催，风雨摧折，而在瓶者无此患者，以是推之，修养之人苟能摄生，有可延年之道，不为妄也。

又瓶养芙蓉，一宿而萎，或教之煨其根，如法，经宿如新。此小事也，莫不有法，不问则不知。况其大者乎。

瓶中插花一为保花朵免受风雨摧残，人们也能从中体悟养生之道；二为体悟道理，有人插花一夜就枯萎了，有人插花好几日如新，小事有法，大事亦然。

对插花有研究的宋人不在少数，《分门琐碎录》中记载了牡丹、芍药的保存方法，"先烧枝断处令焦，镕蜡封之，乃以水浸，可数日不萎"或"烧其柄，先置瓶中，后入水，夜则以水洒地，铺芦席，又用水洒之，铺花于其上，次日再入瓶，如此可留数日"。插含苞欲放的莲花应该"先将竹针十字卷之，

花篮图　南宋　李嵩

白汁出，然后插瓶中便开"。插蜀葵应该"以百沸汤浸之，复苏，亦烧根"。

所谓"转益多师是汝师"，在《山家清事》中记载了林洪的插花方法："插梅每旦当刺以汤。插芙蓉当以沸汤，闭以叶少顷。插莲当先花而后水。插栀子当削枝而锤破。插牡丹、芍药及蜀葵、萱草之类，皆当烧枝则尽开。能依此法则造化之不及者全矣。"

对于插花容器的选择，赵希鹄颇有研究，他在《洞天清录》中说："古铜器入土年久，受土气深，以之养花，花色鲜明如枝头，开速而谢迟，或谢则就瓶结实。"以氧化古铜器可以让花开得鲜艳持久。

上到宫廷，下到寻常百姓之家，都会在节日插花。据《武林旧事》中记载，端午时节，皇宫中"又以大金瓶数十，遍插葵榴、栀子花，环绕殿阁……而市人门首，各设大盆，杂植艾蒲葵花，上挂五色纸钱，排钉果粽。虽贫者亦然"。据《西湖老人繁胜录》中记载："初一日，城内外家家供养，都插菖蒲、石榴、蜀葵花、栀子花之类。"据《梦粱录》中记载："杭都风俗，自初一日至端午日，家家买桃、柳、葵、榴、蒲叶、伏道，又并市茭、粽、五色水团、时果、五色瘟纸，当门供养。"可见端午插花，已成宋人约定俗成的事情。

当然，宫廷插花有明确的规格要求，不似寻常人家随意。"别剪好色样一千

朵，安顿花架，并是水晶玻璃天青汝窑金瓶。就中间沉香卓儿一只，安顿白玉碾花商尊，约高二尺，径二尺三寸，独插'照殿红'五十五枝。"这样插花体现了皇家的尊贵与威仪。

民间插花则比较随意。据《西湖老人繁胜录》中记载："虽小家无花瓶者，用小坛也插一瓶花供养，盖乡土风俗如此。"没有花瓶，弄一个小坛插花供养也可以。

一些店铺则用花作装饰招揽客人。所谓的"插四时花，挂名人画，装点店面"即是如此。杨万里曾经过一家乡村野店，却不乏雅致的情趣，店家用"青瓷瓶插紫薇花"，甚为可爱。

插花并非局限于花瓶花坛里，据《东京梦华录》中记载，有贵家士女"小轿插花，不垂帘幕。"张邦基《墨庄漫录》中记载了一场花会盛景："宴集之所，以花为屏帐。至于梁栋柱拱，悉以竹筒贮水簪花钉挂，举目皆花也。"参加聚会的人，仿佛置身花的海洋。香气四溢，人们的心情也更加欢喜。

大宋写真不仅风雅，还能自省

"写真"这个词并不是现代才有的词汇，早在宋代就有，专指一些肖像画。清宫曾收藏了一幅《宋人人物图》，乾隆皇帝还在上面加盖了"乾隆御览之宝"之章。这幅画描绘了一个儒士，头上戴着巾，上衣下裳，垂至脚踝。他左手拿着书卷，左脚踩在脚榻上，右手拿着笔放在蜷曲的右腿上。他头部右倾，表情严肃，做沉思状。在他的背后，有一幅绘有《汀洲芦雁图》的屏风，屏风上悬挂着一幅画，画中正是一模一样的"他"，头向左倾，表情也在凝思。这幅图也被称作《二我图》，两个"我"就像照镜子，左右翻转，身形、穿着、表情均一样。

这幅画据说曾被宋徽宗赵佶收藏，画中所绘的儒士便是书圣王羲之。像画中人物一样拥有写真是文人热衷的事情。就像我们现在拍写真一样，文人经常将自己的肖像画挂在家中，还会题写"画像赞"，用以激励、提醒、评价自己。

苏轼是一个爱好写真的人，何充曾为他绘了一幅写真，他写了一首《赠写真何充秀才》给何充：

君不见潞州别驾眼如电，左手挂弓横撅箭。又不见雪中骑驴孟浩然，皱眉吟诗肩耸山。饥寒富贵两安在，空有遗像留人间。此身常拟同外物，浮云变化无踪迹。问君何苦写我真，君言好之聊自适。黄冠野服山家容，意欲置我山岩中。勋名将相今何限，往写褒公与鄂公。

其实很多人都给苏轼画过写真，比如妙善和尚、陈怀立等人，但画得最像的当数李公麟为其所绘写真——这是黄庭坚认为的，他在《跋东坡书帖后》中写道："庐州李伯时近作子瞻，按藤杖、坐盘石，极似其醉时意态。此纸妙天下，可乞伯时作一子瞻像，吾辈会聚时，开置席上，如见其人，亦一佳事。"

苏轼本人在多年后经过金山寺时看到这幅写真，心中感慨万千，写下了一首《自题金山画像》："心似已灰之木，身如不系之舟。问汝平生功业，黄州惠州儋州。"这首诗既是对他一生的总结，也是对他老迈、心力衰退的伤情，言语苍凉，令人悲伤泣泪。

黄庭坚家中也挂着自己的写真，因为他曾写下一组《写真自赞五首》，其中他还幽默地发问："或问鲁直似不似，似与不似"，黄庭坚字鲁直。他问自己，这写真像不像黄庭坚？最后他觉得很难回答，因为"是何等语。前乎鲁直，若甲若乙，不可胜纪。后乎鲁直，若甲若乙，不可胜纪。此一时也，则鲁直而已矣。"人这一生，无时无刻不在变化，前面无数个鲁直都过去了，后面无数个鲁直也很难计算，这就是捕捉的一时的鲁直。黄庭坚的自我思考已经上升到哲学层面了。

除了苏黄，画过写真的文人不胜枚举。比如书《自赞》的杨万里、书《放翁自赞》的陆游等。赵孟頫有一幅《自写小像图页》，将自己置身于竹林中，仿若一个高逸的隐士。

有人爱写真，这就衍生出了很多擅长画写真的画家。《画继》中记载了一个叫李士云的金陵人，"传荆公神"。给王安石画的写真颇为传神。王安石写诗相赠："衰容一见便疑真，李子挥毫故有神。欲去钟山终不忍，谢渠分我死前身。"也许王安石写诗的时候是认真的，他惦记着朝中事务，但是也有云游天下的愿望，这幅画像正好绘制出他的闲情雅兴，让其可以分身。

有一个叫程怀立的南都人，东坡作《传神记》，谓："传吾神众，以为尔得其全者。怀立举止如诸生，萧然有意于笔墨之外者也。"可见，这也是一位画写真的高手。还有一个京师人朱渐，他"宣和间写六殿御容"，皇帝六次召他去画写真。

写真是自我意识觉醒的表现，文人更关注自我，不随波逐流，不献媚流俗，就像《世说新语》中桓温问殷浩："卿何如我？"殷浩回答："我与我周旋久，宁做我。"自我写真也流露着"宁做我"的精神。正是有这么多写真流传下来，我们才有幸一瞻古人的真容，一睹古人的风采。

风流总被雨打风吹去：宋徽宗的御用画家

宋徽宗在位期间，专门设立了培育画家的学校"画学"，洪迈在《夷坚志》中说："政和中，肇置画学，用太学法补试四方画工。"还将画画纳入科考中，选拔天下绘画人才。通过考核进入宣和画院的人，可以进行系统的绘画学习，《宋史》中说："画学之业，曰佛道，曰人物，曰山水，曰鸟兽，曰花竹，曰屋木，以《说文》《尔雅》《方言》《释名》教授。"也就是说，他们的专业课有佛道、人物、山水、鸟兽、花竹、屋木六门，除此之外，还会讲解《说文》《尔雅》《方言》《释名》等。

宋徽宗经常去宣和画院教学，还亲自担任《宣和睿览集》的主编，对画学学生的支持更是不遗余力。画学培养出许多杰出的画家，比如张择端、王希孟、

千里江山图
（局部一）
（局部二）
北宋　王希孟

苏汉臣、李唐，他们不仅是宋徽宗的御用画家，更是货真价实的天子门生。

作为中国传世十大名画之一《千里江山图》的作者，王希孟无疑是天才。蔡京在《千里江山图》卷后的跋文中说：

政和三年闰四月一日赐。希孟年十八岁，昔在画学为生徒，召入禁中文书库，数以画献，未甚工。上知其性可教，遂诲谕之，亲授其法。不逾半岁，乃以此图进。上嘉之，因以赐臣京，谓天下士在作之而已。

宋徽宗无疑是王希孟的伯乐。王希孟曾屡次向宋徽宗敬献他的画作，宋徽宗看他虽缺乏功力，但很有慧根，所以"亲授其法"。在宋徽宗的教导下，王希孟半年之内就完成了《千里江山图》，那时候他只有十八岁，可谓少年英才。

《千里江山图》上的色调千年不变，是因为作画时用了上等的矿物质颜料。《千里江山图》以青、绿两色为主，提炼这两种矿物颜料的就是蓝铜矿和孔雀石。而凭王希孟微薄的收入，根本无法负担起这些。宋徽宗一直对王希孟很慷慨，上等的宫绢、上等的颜料，宋徽宗都为王希孟安排得妥妥的。《千里江山图》描绘的层峦叠嶂的山峰、烟波浩渺的江河，再加上亭台水榭、峻拔的树干、小船渔叟等点缀，将大宋的大好山河尽收眼底，宋徽宗也将绘画英才尽入彀中。只可惜这幅画作出世后，就再难找出有关王希孟的记载，有人说他早亡了，有人说他云游去了。总之，这个天才画家至此销声匿迹。

《千里江山图》描绘的是大宋的自然景观，张择端的《清明上河图》正是对其有力的补充，将宋人的日常生活和盘托出，可谓社会人情风物卷。

张择端以卷轴的方式，将一个个鲜活的人物和事件展现在眼前，杂以景物点缀，一派清明气象。近郊，悠悠前行的骆驼队、负重的驮队、隐于树丛中的农家小院与打麦场等田园景象似卷轴的"初醒"，轻轻将热闹的汴京唤醒。热闹喜庆的迎亲队伍、干农活的老农与悠闲的老农、忙碌的码头、扬起的旗幡预示着热闹的汴京风光即将上演。

虹桥两端的商船鳞次栉比，林立的店铺遍布汴京大街，各种正店、脚店扎堆，更有彩楼欢门，飘摇的酒旗装点得汴京灵动可爱。沿街叫卖的商贩、抬脚的人、流连于酒舍茶肆的人、招揽生意的店小二等把汴京城营造成一个热闹欢快的天堂。说书的、唱曲儿的、算卦的、问诊的人络绎不绝。

张择端用图画将汴京城的故事描绘得形象生动，胜过口耳相传。这幅画作之所以叫"清明上河图"，有人说源于张择端所绘风景为清明时节，有人说"清明"指的是"清明景象"，描述的是宋徽宗统治时期政治清明，百姓安居乐业的太平盛世。宋徽宗看过《清明上河图》后，想必是非常欢喜，他用瘦金体书写了五个大字——清明上河图，并加盖了双龙小印。风流总被雨打风吹去，这清明的盛世并没有维持多久，汴京就陷入金人的铁蹄之下。

第七章

舌尖上的大宋：吃货的纵享『食』光

"南果北调"、冰镇水果：宋朝人的"水果自由"

在北宋，一些水果的价格超出普通人的预算范围，成为只有达官贵人才可以享用的商品。集万千便利条件于一身的豪门大户，才能实现南北水果的日日供应。

不过，普通人家要实现偶尔的自由，倒还是方便的。北宋东京城的果子行，专卖来自全国各地的时令水果。据《东京梦华录》中记载，北宋的果子行主要出售广布全国的温带水果，主要是枣、栗、桃、樱桃、杏、李、石榴、梨、葡萄、柿子、山楂、橘子等。除此之外，还出售一些南方热带、亚热带的果品，如橄榄、温柑、金桔、龙眼、荔枝、召白藕、甘蔗、芭蕉干、榧子等。水果品类之丰富，令人目眩神迷。

到了南宋，有一些新出现的水果，最受欢迎的非西瓜莫属。"碧蔓凌霜卧软沙，年来处处食西瓜。"通过范成大的这句诗，可见西瓜已经进入大众的视野。事实上，当时西瓜被引入不久，但推广速度极快，不久就成为宋人消夏的"专属味道"。

五代的胡峤在《陷虏记》中记载，他曾为契丹俘虏，待了七年才回到中原。在契丹时，他见过大棚种西瓜的场景："遂入平川，多草木，始食西瓜，云契丹破回纥得此种，以牛粪覆棚而种，大如中国冬瓜而味甘。"西瓜真正传入中原地区，是在南宋时期，当时的官员洪皓出使金国，被羁留15年，归国时带回了西瓜种子，开始在中原和临安等地种植推广。这位"大宋第一吃瓜人"在《松漠纪闻》中写道："西瓜形如扁蒲而圆，色极青翠，经年则变黄，其类甜瓜，味甘脆……予携归。"没想到，西瓜一被引进，就迅速成为南宋的国民水果。

宋人颇讲格调，在享用水果时，也会开发各种食用的技法。比如，他们在三伏天会用"浮瓜沉李"的方式，用冰水对瓜果进行物理降温，然后惬意地大啖一盘"冰盆浸果"。再酷热的伏暑，也会燥热顿歇，通体清凉。

在一次夏日的宴会上，司马光曾作诗云："蒲葵参执扇，冰果侑传杯。"现在台北故宫博物院藏有一套《十八学士图》，传为南宋著名画家刘松年所画的宋代人物图集。此套作品共有四幅，其中之一是"棋弈图"，这幅图左下角的石桌上有一个冰果盘，冰镇着几颗桃子。可见伏天吃冰镇水果，至少已经成为士大夫的一种生活方式了。

宋代的冰是怎么来的呢？当时没有专门的冷冻技术，又是如何取得冰块的？当然，冬冰夏藏，这是在宋朝以前就有的做法了。不过到了宋朝，藏冰的限制被彻底打破了。宋以前，只有皇家、权贵、富豪有藏冰的条件，在市场上，冰块成为夏天"价等金璧"的奢侈品，普通人哪里消费得起。到了宋朝，夏冰已经成为大众消费品，彻底市场化了。当时有专门的卖冰人，建一个冰窖就能养活一家人。诗人杨万里还写诗对卖冰的场景进行刻画："卖冰一声隔水来，行人未吃心眼开。甘霜甜雪如压蔗，年年窖子南山下。"可见，当时人们已经达到"人人有冰吃"的生活标准了。冰和水果都如此普及了，那么冰镇水果的消夏方式，自然也就盛行起来了。

南方的水果，尤其是一些热带水果，因为路途遥远，交通不便，如何贮藏成为难题。这个难题一旦解决不好，南果北调的工程便会前功尽弃。宋朝的水果贮藏方法主要有冷藏、窖藏、密封等方法。果品加工业也逐渐发展起来。比如，人们要是想批量运输产自福州的荔枝，是很难让其保持原汁原味的新鲜感的，必须将其进行简单加工方可。书法家蔡襄曾作《荔枝谱》，介绍了荔枝加工

十八学士图之琴棋书画　南宋　刘松年（传）

的"红盐之法"，即以盐水、梅卤浸佛桑花为红浆，把荔枝放进去腌制，取出曝干。这样加工后的荔枝呈红色，味道酸甜，保存三四年都不变质。所以不仅能被果商贩运到京城，甚至能远销海内外。根据《荔枝谱》所载，荔枝每年经加工后，就会"水浮陆转，以入京师，外至北戎、西夏，其东南舟行新罗、日本、流求、大食之属，莫不爱好，重利以酬之。故商人贩益广，而乡人种益多。一岁之出，不知几千万亿"。可见荔枝的畅销程度，足以让海内外羡慕苏轼"日啖荔枝三百颗"的人士一饱口福。

如果说果品加工和贮藏运输的发展是"南果北调"的常规做法，那么在北方移植南方果木则属于高端玩法了。梅尧臣有诗云："昔向南阳忆洛阳，秋橙初熟半林黄。"橙子是南方的水果，移植到洛阳竟然可以颇具规模。根据相关资料研究，在当时的开封，连荔枝、椰子等亚热带果木都能移植成功。

除此之外，嫁接技术也大大提升了宋朝水果的质量。最著名的要数大名府的沙寺种梨。据宋代张邦基《枣庄漫录》中记载，沙寺种梨的嫁接，是在枣木旁种植棠梨树，在棠梨树上嫁接鹅梨条，然后在枣树大枝上凿一孔，接着将鹅梨条的棠梨枝从孔中穿过。一两年后，该孔合闭，便砍去枣木的其他枝干，再砍去棠梨的下干。如此三重嫁接，使三种不同果木的优良性能集于鹅梨一身，结出的沙寺种梨甘而美，味道一级棒，在当时是"四海举皆推美味"，声名远播。

在宋朝，既有引进的"新品水果"西瓜，也有南方运来的时令水果——精致加工过的荔枝、南果北移的洛阳大橙、完美嫁接的沙寺种梨，这些都大大丰富了水果市场的品类。而且水果的享用方式也花样频出，不仅可以盛于冰盘，还能做成蜜饯果脯等各色副产品，甚至还可以酿成美酒佳饮。这大概也算是一种开风气之先的水果自由了吧！

共赴一席宋人飨宴

如果生活在大宋歌舞升平之时，去品味一番大宋的筵席，定能获得一场全面的享受：不仅能吃到美食，还能尝到好茶好酒，自然也不会落了歌舞助兴，还能和文友指点江山，四周香气缭绕，令人心向往之。

沈括在《梦溪笔谈》中描述过一个富贵人家举办宴席的场景："有群姬十余人，各执看果、乐器，妆服、人品皆艳丽恣然。一姬酌酒以进，酒罢乐作；群姬执果看者，萃立其前，食罢则分列其左右。"一场宴会，服侍的有十多个，有准备菜看的，有弹奏乐器的，有专门斟酒的，她们都装扮得十分漂亮。吃完美味佳肴，还可以欣赏乐伎歌舞乐器表演。

不过吃筵席要选对人，如果想让王安石请一顿饭，那多半会失望的。王安石做宰相的时候，他儿媳妇家的亲戚小萧来京城拜谒王安石。王安石和小萧约了顿饭。小萧盛装出席，因为他觉得王安石这么大的官必定会摆盛宴款待他。眼看着都过午了，小萧很饿，但是又不敢走。过了一会儿，王安石让他坐下，但是没有上果蔬，小萧心里直犯嘀咕，觉得王安石招待不周。他们喝了点酒，吃的总算上来了，"初供胡饼两枚，次供猪脔数四，顷即供饭，旁置菜羹而已"。一开始上了两块胡饼，第二次上了几块肉，然后上饭，再加点菜羹。小萧觉得非常寒酸，不下筷子，只吃了胡饼中间的部分，把旁边的留下了。王安石将他剩下的胡饼拿过来吃了，小萧"愧甚而退"。遇到像王安石这样节俭的人，就不要指望他能请客吃香喝辣的了，只要客人不挑食，别剩饭菜，就大吉大利了，不然王安石还会吃客人的剩饭，让人羞愧难当。

在大宋，最高规格的宴席当数皇帝请客。皇帝请客是什么样的席面？

宋仁宗至和元年（1054年），宋仁宗于都亭驿宴请契丹使臣。司马光《涑水记闻》中记载："十九日，赐两府、两制宴于都亭驿，曾相主之，冬至故也。果有八列，近百种，凡酒一献，从以四看。"这次宴会，果盘上了八套，一百多种吃食，每饮一杯酒，就要换四道菜，可以说非常讲究。

《梦粱录》中记载了高宗朝的一次筵席："有外国贺生辰使副，朝贺赴筵，于殿上坐使副，余三节人在殿庑坐。看盘如用猪、羊、鸡、鹅连骨熟肉，并葱、韭、蒜、醋各一碟，三五人共浆水饭一桶而已。"这大概由于南宋建国之初，百废待兴，宴饮从简，也不那么讲究排场。

南宋爱国诗人陆游在《老学庵笔记》中记录了淳熙年间皇帝宴请金国使节的御宴菜单。

集英殿宴金国人使。九盏：第一肉咸豉，第二爆肉双下角子，第三莲花肉油饼骨头，第四白肉胡饼，第五群仙禽太平毕罗，第六假圆鱼，第七柰花索粉，第八假沙鱼，第九水饭咸豉旋鲊瓜姜。看食：枣馉子、膗饼、白胡饼、馂饼。

这次重大的宴会在集英殿举行。先后上了九道下酒菜。这个宴席还有几道看食，看食是指酒桌上的小点心，一般只看不吃。宋代许多宴席都会上看食，周密《武林旧事》中记载了皇后归谒家庙所吃的筵席："初坐：皇后，下酒吃食九盏，上细看食十件，果子意思十件。"

清河郡王张俊宴请宋高宗赵构，这份菜单可谓飞禽走兽，应有尽有。据周密《武林旧事》"高宗幸张府节次略"记载，张俊准备的多轮吃食，让人看得眼花缭乱。

初坐

绣花高饤一行八果垒：香圆、真柑、石榴、柑子、鹅梨、乳梨、榠楂、花木瓜。

乐仙干果子叉袋儿一行：荔枝、圆眼、香莲、榧子、榛子、松子、银杏、梨肉、枣圈、莲子肉、林檎旋、大蒸枣。

缕金香药一行：脑子花儿、甘草花儿、朱砂圆子、木香丁香、水龙脑、史君子、缩砂花儿、官桂花儿、白术人参、橄榄花儿。

雕花蜜煎一行：雕花梅球儿、红消花、雕花笋、蜜冬瓜鱼儿、雕花红团花、木瓜大段儿、雕花金橘、青梅荷叶儿、雕花姜、蜜笋花儿、雕花枨子、木瓜方花儿。

砌香咸酸一行：香药木瓜、椒梅、香药藤花、砌香樱桃、紫苏柰香、砌香萱花柳儿、砌香葡萄、甘草花儿、姜丝梅、梅肉饼儿、水红姜、杂丝梅饼儿。

脯腊一行：肉线条子、皂角铤子、云梦犯儿、虾腊、肉腊、奶房、旋鲊、金山咸豉、酒醋肉、肉瓜齑。

垂手八盘子：拣蜂儿、番葡萄、香莲事件念珠、巴榄子、大金橘、新椰子象牙板、小橄榄、榆柑子。

再坐

切时果一行：春藕、鹅梨饼子、甘蔗、乳梨月儿、红柿子、切枨子、切绿橘、生藕铤子。

时新果子一行：金橘、蔵杨梅、新罗葛、切蜜蕈、切脆枨、榆柑子、新椰子、切宜母子、藕铤儿、甘蔗柰香、新柑子、梨五花子。

雕花蜜煎一行：同前。

砌香咸酸一行：同前。

珑缠果子一行：荔枝甘露饼、荔枝蓼花、荔枝好郎君、珑缠桃条、酥胡桃、缠枣圈、缠梨肉、香莲事件、香药葡萄、缠松子、糖霜玉蜂儿、白缠桃条。

脯腊一行：同前。

下酒十五盏：第一盏，花炊鹌子、荔枝白腰子。第二盏，奶房签、三脆羹。第三盏，羊舌签、萌芽肚胘。第四盏，肫掌签、鹌子羹。第五盏，肚胘脍、鸳鸯炸肚。第六盏，沙鱼脍、炒沙鱼衬汤。第七盏，鳝鱼炒鲎、鹅肫掌汤齑。第八盏，螃蟹酿枨、奶房玉蕊羹。第九盏，鲜虾蹄子脍、南炒鳝。第十盏，洗手蟹、鲎鱼假蛤蜊。第十一盏，五珍脍、螃蟹清羹。第十二盏，鹌子水晶脍、猪肚假江瑶。第十三盏，虾棋脍、虾鱼汤齑。第十四盏，水母脍、二色茧儿羹。第十五盏，蛤蜊生、血粉羹。插食：炒白腰子、炙肚胘、炙鹌子脯、润鸡、润兔、炙炊饼、炙炊饼脔骨。

劝酒果子库十番：砌香果子、雕花蜜煎、时新果子、独装巴榄子、咸酸蜜煎、装大金橘小橄榄、独装新椰子、四时果四色、对装拣松番葡萄、对装春藕陈公梨。

厨劝酒十味：江鳐炸肚、江鳐生、蝤蛑签、姜醋生螺、香螺炸肚、姜醋假公权、煨牡蛎、牡蛎炸肚、假公权炸肚胘、蟑蚷炸肚。

准备上细垒四卓。

又次细垒二卓：内蜜煎、咸酸、时新、脯腊等件。

对食十盏二十分：莲花鸭签、茧儿羹、三珍脍、南炒鳝、水母脍、鹌子羹、鲈鱼脍、三脆羹、洗手蟹、炸肚胘。

对展每分时果子盘儿：知省、御带、御药、直殿官、门司。

晚食五十分各件：二色茧儿、肚子羹、笑靥儿、小头羹饭、脯腊鸡、脯鸭。

直殿官大碟下酒：鸭签、水母脍、鲜虾蹄子羹、糟蟹、野鸭、红生水晶脍、鲈鱼脍、七宝脍、洗手蟹、五珍脍、蛤蜊羹。

直殿官合子食：脯鸡、油饱儿、野鸭、二色姜豉、杂熁、入糙鸡、炼鱼、麻脯鸡脏、炙焦、片羊头、菜羹一葫芦。

这份菜单可谓奢华至极，前后果盘、蜜饯、缕金香药上了好几番，食物品种上百种，下酒菜上了十五盏，菜品达三十种，还有各种插食做点缀。要想好好品味这些美食，每种美食最好只吃一点点，浅尝辄止才能遍尝美味。

在宋朝，大大小小的官方宴会非常多，官员们往往是"被迫"参加的。因为规矩多，怕出错。而且要仪容整洁，不能迟到，在宴会中也要保持良好的仪态。岳珂《桯史》中记载，宋宁宗生日宴，有侍卫会举着牌子提示众位官员"辄入御厨房，流三千里"。如果随便瞎溜达逛到御厨房，那可就惨啦。按照一贯的规矩，"每举酒，玳合自东庑入廊，馔继至。"皇帝一举酒杯，大家也得跟着来，菜肴就会换一拨。大臣吃宴席的时候，没法儿大快朵颐，不能在御前失礼，只能规行矩步，和众人一样，该吃的时候吃，该喝的时候喝。这么一遭下来，也把官员累够呛。

不要以为皇帝摆宴席讲排场，推杯换盏间很多食物都浪费了，就认定宋朝皇帝是铺张浪费的人。其实，很多皇帝都很节俭。

宋孝宗隆兴元年（1163年），宋孝宗请大臣胡铨吃饭，胡铨在《经筵玉音问答》中，记录了席上的一道"胡椒醋子鱼"。宋孝宗告诉他："子鱼甚佳，朕每日调和一尾，可以吃两日饭。盖此味若以佳科和之，可以数日无馁腐之患。"宋孝宗贵为天子，一尾鱼要吃两天，还想着如果以佳科和之，可以好几天不腐败，吃好久。宋孝宗又说："向侍太上时，见太上吃饭，不过吃得一二百钱物，朕于此时固已有节俭之志矣。"宋孝宗说他的父亲宋高宗，每天不过吃一二百钱的食物。宋孝宗还对他说："此时秦桧方专权，其家人一二百千钱物，方过得一日。太上每次排会内宴，止用得一二十千。桧家一次，乃反用数百千。太上与朕一领汗衫，着一两年。桧家人一领汗衫，止着得数日即弃去。朕所以日夜切齿叹息也。"秦桧奢华浪费，令宋高宗和宋孝宗都感到很不舒服。

此次宴席上只有两味鼎煮羊羔，胡椒醋子鱼、明州虾脯、两味胡椒醋羊头真珠粉及炕羊炮饭几样美食，与张俊豪华的宴席相比差得很远。宋孝宗和胡铨说的是肺腑之言，也没有太讲排场。

如果家里要摆宴席，请专门人士帮忙，就能免去很多麻烦事。宋朝有四司六局，专门负责举办宴会等烦琐的社交。四司指的是帐设司、厨司、茶酒司、台盘司，六局指的是果子局、蜜煎局、菜蔬局、油烛局、香药局、排办局。四司六局不仅服务于宫廷，也接民间的单，"凡民间吉凶筵会"都可以找他们，"主人只出钱而已，不用费力"。

从四司六局中各司各局的名称可以看出四司六局负责的项目非常齐全，从桌椅摆设到瓜果蔬菜，再到香药等，都能为主人办得妥妥帖帖，类似于现在的餐饮承包公司。宋朝的日常，是不是颇有现在的风味曲调呢？

无肉不欢：从吃肉看身份地位

宋朝皇室喜欢吃羊肉。据《北窗炙輠录》中记载，有一日宋仁宗脸色不好，问什么原因，宋仁宗说："偶不快。"八卦多疑的大臣立马想偏了，劝说宋仁宗："言宫掖事，以为陛下当保养圣躬。"宋仁宗苦笑，说自己只是晚上饿得不行。大臣们感到十分惊讶，你是皇帝怎么还饿肚子，难道不是想吃啥就吃啥，想什么时候吃就有人什么时候给你做？宋仁宗说："夜来微馁，偶思食烧羊，既无之，乃不复食，由此失饥。"原来是宋仁宗想吃烧羊，但是没有现成的，就饿肚子了。大臣们又问为什么不让人弄呢？宋仁宗说道："朕思之，于祖宗法中无夜供烧羊例，朕一起其端，后世子孙或踵之为故事，不知夜当杀几羊矣！故不欲也。"他怕自己开了先例，后代子孙效仿。由此可见，羊肉是比较昂贵的，宋仁宗不想子孙后代奢侈，所以忍了这一时的口舌之欲。

尽管有些皇帝崇尚节俭，但宋室宫廷的羊肉开销却是一笔不小的数目。据《宋会要辑稿》中记载，宋神宗熙宁十年（1077 年），宋廷定下数额："羊肉四十三万四千四百六十三斤四两，常支羊羔儿一十九口，猪肉四千一百三十一斤，猪、羊头蹄等只副不具。"皇帝有时候会赏赐给大臣羊肉吃，比如宋真宗曾于大中祥符五年（1012 年）赐给过生日的宰相王旦"羊三十口"。

宋代的羊肉很多都是"进口"的，据《宋史》中记载："诸路科置上供羊，民费钱几倍，而河北榷场博买契丹羊岁数万，路远，抵京皆瘦恶耗死，公私费钱四十余万缗。"如此耗费人力财力，大宋的羊肉能便宜得了吗？

南宋年间，高公泗曾作了一首打油诗来说羊肉的价钱："平江九百一斤羊，俸薄如何敢买尝。只把鱼虾充两膳，肚皮今作小池塘。"一斤羊肉九百文，堪称天价了。

羊肉在宋朝可以说是高端的肉品，难怪宰相杜衍"平生非宾客不食羊肉"，只有待客的时候才拿羊肉来招待别人。韩宗儒喜欢吃羊肉，但没钱，还好他有个好朋友苏轼。他把苏轼的回信换成羊肉吃，据《侯鲭录》中记载："韩宗儒性饕餮，每得公一帖，于殿帅姚麟许换羊肉十数斤，可名二丈书为换羊书矣。"

食羊肉者成为地位尊贵或者有钱人的代名词。吕祖谦在《少仪外传》中说：

饮食高下，固自有制度。诸侯无故不杀牛，大夫无故不杀羊，士无故不杀犬、豕，此犹是极盛时制度也。大抵古人得食肉者至少，而食肉之禄，冰皆与焉。肉食者谋之，肉食者无墨，此言贵者方得肉食也。《庄子》：九方歅相子綦之子，刖而鬻之于齐，适当渠公之街，然身食肉而终。相班超者曰："虎头燕颔，食肉相也。"以此知古人以食肉为贵，食肉为难得，比之后人简约甚矣。

南宋叶义问布置抗金防务不利，民夫且执役且笑曰："枢密吃羊肉，其识见何故不及我吃糟糠村人？"历史上著名的大胃王张齐贤宰相是个肉食爱好者。他到底有多能吃？据《邵氏闻见录》中记载："张齐贤饮啖兼数人，自言平时未尝一饱。"意思是，张齐贤说自己从来没有吃饱过，所以他到底能吃多少，还真是个未知数。据《能改斋漫录》中记载，张齐贤"尝春游嵩岳庙，饮酒，醉卧于巨石。梦人驱群羊于前，谓曰：'张相公齐贤食料羊。'后张每食，数斤方厌，世无比者"。张齐贤报复性饮食，穷的时候吃不起肉，富裕了吃得起，一次就要吃数斤。

张齐贤不仅爱吃羊肉，也爱吃猪肉。欧阳修在《归田录》中记载："张仆射体质丰大，饮食过人，尤嗜肥猪肉，每食数斤。"张齐贤每顿吃猪肉，能吃数斤。

为了填饱肚子，张齐贤也没什么可怕的。据《涑水记闻》中记载，张齐贤为布衣时，曾住在舍道上的一个逆旅中。有一次，来了十来个强盗在逆旅吃饭，其他人都吓得张皇逃窜，但张齐贤竟然径直前去作揖，说道："贱子贫困，欲就诸大夫求一醉饱，可乎？"张齐贤太饿了，竟然问强盗可以让他吃饱吗？还称呼这些强盗为"诸大夫"。这群强盗觉得这是新鲜事儿，欢喜地说："秀才乃肯自屈，何不可者？顾吾辈粗疏，恐为秀才笑耳。"强盗也挺客气，你一表人才，堂堂秀才竟然能看得起我们哥儿几个，快来坐吧。张齐贤说道："盗者，非龌龊儿所能为也，皆世之英雄耳。仆亦慷慨士，诸君又何间焉？"张齐贤吹捧，说强盗是谁都能干得了的吗？龌龊儿都干吗？不都是一些英雄之辈、慷慨之士？然后张齐贤就和这群强盗大碗喝酒、大口吃肉。张齐贤的吃相着实不好，他吃豚肩，"以指分为数段而啖之，势若狼虎"，把这群强盗看得都惊呆了，感叹"真宰相器也。不然，何能不拘小节如此也！他日宰制天下，当念吾曹皆不得已而为盗耳，愿早自结纳"。强盗们看张齐贤不拘小节，是做宰相的料，赶紧早日结交了他，以便日后他能知道他们是不得已才做了强盗。于是"竟以金帛遗之"。张齐贤不仅成功蹭饭，还有人送金银，他"皆受不让，重负而返"，全部都笑纳了。此事堪称一段传奇。

猪肉的价格相对来说便宜，苏轼的《猪肉颂》中说："黄州好猪肉，价贱如泥土。贵者不肯吃，贫者不解煮，早晨起来打两碗，饱得自家君莫管。"猪肉价格低廉，富贵人认为此猪肉折损身份，但是穷人却吃得不亦乐乎。陆游也爱吃猪肉，他

仙山楼阁图　南宋　赵伯驹

曾作《蔬食戏书》云："东门彘肉更奇绝，肥美不减胡羊酥。"

据《梦粱录》中记载，临安城的肉铺中猪肉的销量很大，足见临安市民对猪肉的欢迎：

杭城内外，肉铺不知其几，皆装饰肉案，动器新丽。每日各铺悬挂成边猪，不下十余边。如冬年两节，各铺日卖数十边。案前操刀者五七人，主顾从便索唤刽切。且如猪肉名件，或细抹落索儿精、钝刀丁头肉、条撺精、窜燥子肉、烧猪煎肝肉、臀肉、盦蕉肉。骨头亦有数名件，曰双条骨、三层骨、浮筋骨、脊髋骨、球杖骨、苏骨、寸金骨、棒子、蹄子、脑头大骨等。肉市上纷纷，卖者听其分寸，略无错误。至饭前，所挂之肉骨已尽矣。盖人烟稠密，食之者众故也。更待日午，各铺又市爊燥熟食：头、蹄、肝、肺四件，杂爊蹄爪事件，红白熬肉等。

临安肉铺，不仅卖肉、卖骨头，还卖下水。猪肉真正打到了市民阶层。

如果你想吃点牛肉，那是不可以的。因为《宋刑统》规定，"诸故杀官私牛者，徒一年半。主自杀牛马者徒一年"。尽管朝廷管得严，但是在天高皇帝远的地方，人们则会杀牛吃，比如江仙居县某地"一乡皆食牛"。仁宗朝，有人给名臣钱若水送了些驴肉，钱若水写了两句诗："厅前捉到须依法，合内盛来定付厨。"可见，在宋朝，吃驴肉也不合适。

牛肉并不便宜。据《宋会要辑稿》中记载，宋徽宗大观四年（1110年），"一牛之价不过五七千，一牛之肉不下三二百斤，肉每斤价值需百钱"。卖整头牛可得五千到七千钱；但是如果论肉卖，一斤肉能卖一百钱，一头牛有二三百斤，那就能卖二三万钱。这还不算牛头、牛蹄子、牛下水等。这么一算，还是把牛宰杀了卖好。

市面上还有鸡、鸭、鹅这类家禽肉售卖。据《青琐高议》中记载："庆历年，都下马吉以杀鸡为业。每杀一鸡，得佣钱十文，日有数百钱。"宋人对鸡肉的需求量可见一斑。《东京梦华录》在"诸色杂卖"中记录汴京有卖"燖毛鸡鸭"的，可见当时也有售卖燖好毛的鸡鸭。《梦粱录》中"肉铺"和"鲞铺"条记载的家禽类食品有鹅鲊、姜豉鸡、盐鸭子、煎鸭子等。据《闻见近录》中记载："张大夫士澄房兄士宁居咸平县，豪有力，性嗜鸡子，日食十数以为常。"这些材料都足以说明普通市民喜好吃鸡鸭等家禽肉。

宋代人也爱吃海鲜。鱼肉在宋朝很常见，据《东京梦华录》中记载，汴京"卖生鱼，则用浅抱桶，以柳叶间串，清水中浸，或循街出卖。每日早，惟新郑门、西水门、万胜门，如此生鱼有数千檐入门。冬月，即黄河诸远处客鱼来，谓之'车鱼'，每斤不上一百文"。

但宋仁宗偏偏"好食糟淮白鱼"，这种鱼产自江南，汴京没有。宋朝有祖宗家法规定"不得取食味于四方"，这馋坏了宋仁宗。据《邵氏闻见录》中记载，宋仁宗问宰相吕夷简的夫人："相公家在寿州，当有糟淮白鱼吧？"吕夷简的夫人秒懂，回家就给皇帝进献了两筐鱼。

如果想吃子鱼，那是非常难的，就连显仁太后都吃不到。据《鹤林玉露》中记载，秦桧的夫人去宫中，显仁太后对她说，今日宫里的子鱼少。秦桧的夫人一听，马上说："妾家有之，当以百尾进。"她回家将此事告诉了秦桧。秦桧一听，夫人这话说得不对，宫中都没有的东西，我家里有，这还得了？秦桧赶忙叫来宾客商议，最后决定进献百尾青鱼。显仁太后看到后，抚掌笑着说："我道这婆子村，果然！"由于青鱼和子鱼长得很像，秦桧用这个计策巧妙做了应对。这个故事说明了子鱼在当时是稀缺物，也说明了秦桧十分狡猾。

在宋朝，海鲜的价格是波动的。淡季时，海鲜的价格非常贵。据《宋史》中记载："或献蛤蜊二十八枚，枚千钱，（宋仁宗）曰：'一下箸费二十八千，吾不堪也。'"宋仁宗都因蛤蜊太贵，不肯吃。

《明道杂志》中记载了宋人吃河豚的事："此鱼出时必成群，一网取数十。初出时，虽其乡亦甚贵。在仲春间，吴人此时会客，无此鱼则非盛会。其美尤宜再温，吴人多晨烹之，羹成，候客至，率再温以进。”吴人待客吃河豚，没有河豚的宴席不能算作盛会。河豚初出时，原产地也非常贵。除此之外，宋人已经意识到吃河豚会中毒，而且还有相应的解毒办法：

河豚鱼，水族之奇味也，而世传以为有毒，能杀人，中毒则觉胀，亟取不洁食，乃可解，不尔必死……或云其子不可食，其子如一大粟，而浸之经宿，大如弹丸也。或云中其毒者，亦不必食不洁，水调炒槐花末及龙脑水皆可解。余见人有说中此毒，急服至宝丹亦解。橄榄最解鱼毒，其羹中多用之。而吴人悉不论此，直云用不洁解河豚，是戏语耳，恶乌头附子之属。

尽管有人食河豚而死，但爱河豚的人还是前赴后继，苏轼就是一例。“苏子瞻在资善堂与数人谈河豚之美，诸人极口譬喻称赞，子瞻但云：‘据其味，真是消得一死。’”苏轼的态度十分鲜明：能吃到它，死也值了。

宋人的餐桌上，螃蟹也是必不可少的。据欧阳修《归田录》中记载：“往时有钱昆少卿者，家世余杭人也。杭人嗜蟹，昆尝求补外郡，人问其所欲何州，昆曰：‘但得有螃蟹无通判处则可矣。’”既有螃蟹吃，又无通判管，真是好去处。据《夷坚志》中记载，湖州医者沙助教之母十分喜欢吃螃蟹，“每岁蟹盛时，日市数十枚置大瓮中。”可见在出产螃蟹的季节，湖州的螃蟹应该不是很贵。

对于海鲜，吴自牧说“城内外鲞铺，不下一二百余家”，《梦粱录》“鲞铺”一条记载的鱼鲞和海味有：

郎君鲞、石首鲞、望春、春皮、片鳓、鳓鲞、鳘鲞、鲒鲞、鳗条、弯鲞、带鲞、短鲞、黄鱼鲞、鲭鱼鲞、鱿鲞、老鸦鱼鲞、海里羊。更有海味，如酒江瑶、酒鲢香螺、酒蛎、酒龟脚、瓦螺头、酒垅子、酒蝇蛍、酱蜮蛎、锁官蜮、小丁头鱼、紫鱼、鱼膘、蚶子、鲭子、鲩子、海水团、望潮卤虾、蜮鲚鲞、红鱼、明脯鲒、干、比目、蛤蜊、酱蜜丁、车螯、江蟹、蚕蟹、鳔肠等类。铺中亦兼卖大鱼鲊、鲟鱼鲊、银鱼鲊、饭鲊、蟹鲊、淮鱼干、蟛蚏、盐鸭子、煎鸭子、煎鯚鱼、冻耍鱼、冻鱼、冻鲞、炙鳊、炙鱼、粉鳅、炙鳗、蒸鱼、炒白虾。又有盘街叫卖，以便小街狭巷主顾，尤为快便耳。

以上名目，足见宋人所食海鲜之丰盛。当然，也有人口味比较刁钻，喜欢吃一些独特的肉类。比如，据《南窗纪谈》中记载："韩玉汝丞相喜事口腹，每食必殚极精侈。性嗜鸽，必白者而后食。或以他色者给之，辄能辨其非，世以为异。"韩玉汝喜欢吃鸽子，而且非白鸽子不吃，就是做好的其他颜色的鸽子肉，他都能分辨出来。

爱吃野味的不止韩玉汝，据《东京梦华录》中记载，潘家楼卖"羊头、肚肺、赤白腰子、奶房、肚胘、鹑兔鸠鸽野味、螃蟹、蛤蜊之类讫"。野味出现于市场，只要花钱，谁都可以品尝。

在宋代，一些文人喜好给菜品命名，既文雅又形象，腔调十足。

宋人早已开始涮火锅，而且涮的还是兔火锅。宋代词人林洪在《山家清供》中记载：

游武夷六曲，访至止师，遇雪天，得一兔，无庖人可制。师云："山间只用薄枇酒、酱、椒料沃之，以风炉安座上，用水少半铫。候汤响一杯后，各分以箸，令自夹入汤，摆熟啖之，及随宜各以汁供。"

就是置一口锅，煮了野兔肉后蘸取料汁，和现在的兔肉火锅如出一辙。肉片在煮的时候色泽鲜亮似云霞，沸水翻滚像浪涌，林洪遂作诗"浪涌晴江雪，风翻照晚霞"，并给这道菜取名"拨霞供"。

林洪是一个典型的吃货，《山家清供》就是最好的证明。其中记录了宋代泉州地区的很多菜谱，而且这些菜品多为民间菜谱，用料简单，但烹饪方法极为讲究。林洪对美食的研究与感悟，尽在此书中。

还有一些南方人爱吃蛙，据《萍洲可谈》中记载："闽浙人食蛙，湖湘人食蛤蚧，大蛙也。"有人爱吃就有人嫌弃，韩滤有诗云："南烹蛙黾颇腥臊，北食羔豚亦太豪。"朱彧云："琼管夷人食动物，凡蝇蚋草虫蚯蚓尽捕之，入截竹中炊熟，破竹而食。"这些蝇蚋草虫蚯蚓，肉虽少，但也是蛋白质。

在宋朝，广东人吃蛇头已经不是新鲜事了。范成大《桂海虞衡志》中记载了一种大蛇——蚺蛇，大者如柱长。他记载了捕蛇的全过程："蛇常出逐鹿食，寨兵善捕之。数辈满头插花，趋赴蛇。蛇喜花，必驻视，渐近竟拊其首，大呼红娘子。蛇头益俯不动，壮士大刀断其首，众悉奔散，远伺之。有顷，蛇省觉，奋迅腾掷，傍小木尽拔，力竭乃毙。"蛇死后，"数十人舁之，一村饱其肉。"对于偏僻的地方来说，蛇肉可能也算美味。

朱彧说广东人吃蛇肉是很平常的事，"广南食蛇，市中鬻蛇羹"，但是外地人接受不了，比如苏轼的小妾朝云。她随苏轼到惠州后，"尝遣老兵买食之，意谓海鲜，问其名，乃蛇也，哇之，病数月，竟死"。宋人张师正在《倦游杂录》中说："岭南人好啖蛇，易其名曰茅鳝，草虫曰茅虾，鼠曰家鹿。"可见广东人在宋朝吃得也比较另类。

对于以上的花式肉类，你最钟情哪种呢？

娘娘请客吃野菜与仿荤之素

"二月二，龙抬头"，这和我国的农耕文化有关。"龙"指的是二十八星宿中的东方苍龙七宿星象，为什么要说"抬头"呢？这是因为每年的仲春卯月，苍龙七宿就从东方的地平线慢慢升起，最先露出的一角是"龙角星"，就像巨龙苏醒抬头一般，非常形象。龙抬头这一天预示着春耕要开始了，人们庆祝二月二也是为了祈盼有一个风调雨顺、五谷丰登的丰收年。

二月二对于宋人来说是忙碌的一天，不过别误会，这和龙抬头无关。在宋代，二月二是挑菜节，妇女们在这天争相去挖野菜。黄庭坚的《次韵元礼春怀十首》中就有"穿花蹴踏千秋索，挑菜嬉游二月晴"的表述。贺铸在《二月二日席上赋》中写道："二日旧传挑菜节，一樽聊解负薪忧。"许多文人都加入"挑菜"的行列，或亲自参与，或作诗怀念旧日挑菜的情形，尽是一派乡野情趣，令人向往。

不仅民间过二月二，宫廷中的后妃、娘娘们也会加入"挑菜"的行列。挖了那么多野菜总得有处消费，所以还会举办"挑菜宴"。"挑菜宴"不光吃这些野菜，更重要的是玩游戏。

据《武林旧事》中记载，二月二这天，宫中会先备好玩游戏所需的道具。把挖来的野菜摘在各个斛中，然后找一块布帛，裁成一条一条的，上面分别写上各种野菜的名字，然后将这些小条卷起来，系上红丝，放在斛里，但是必须得对应，比如蓼甲菜的斛中，下面的小条要写上"蓼甲"，不能对应错了。等到歌舞乐器一开始，人们就开始有奖竞猜了，要是猜中野菜的名字，就会得到奖赏。奖赏分为三个等级，上等是珍珠、玉杯、金器、北珠、篦环、珠翠、领抹，次等是铤银、酒器、冠镯、翠花、段帛、龙涎、笔墨、官窑、定器等。如果猜错了，就会稍加惩罚一下，表演个才艺，供大家一乐。如果舞唱、吟诗等这些都不会，那就只能喝冷水、吃生姜了。但是对于地位比较高的人，如后妃、皇子等，这种公然作乐供别人取笑不合适，所以就有赏无罚。

吃素，宋人是认真的。他们不光有二月二吃野菜的习俗，还出现了仿荤素菜。仿荤素菜源自宋人吃素的需求。《东京梦华录》中说："及有素分茶，如寺院斋食也。"其中"素分茶"就是素食餐厅。据《梦粱录》中记载："又有专卖素食分茶，不误斋戒。"可见无论在汴京还是临安，素食店都并不罕见。

据《东京梦华录》中记载，汴京的仿荤素菜有假河鲀、假元鱼、假蛤蜊、假野狐、假炙獐等，汴京的假河鲀已经做到以假乱真的地步，既美味又安全。

据《梦粱录》中记载，临安城的仿荤素菜有假肉，如假淳菜腰子、假炒肺羊、下饭假牛冻、假驴事件、假炙鸭、假羊事件、假煎白肠等，还有假海鲜，如假蛤蜊、煎假乌鱼等，还有素面，如大片铺羊面、三鲜面、炒鳝面、卷鱼面等。这些面"皆精细乳麸笋粉素食"。如果你是一个素食主义者，那么不用担心，在大宋也能品尝到美味的食品。

大宋皇帝吃"西餐"和日料

在大宋，吃西餐和刺身已不是什么新鲜事儿了。据《涑水纪闻》中记载，宋仁宗喜欢吃螃蟹，而且没有节制，一旦生病，则"多苦风痰"。于是，刘太后下令"虾蟹海物不得进御"。螃蟹是寒性食物，吃多了对身体不好。杨太后心疼宋仁宗，经常把螃蟹藏起来留给宋仁宗吃，说道："为何刘太后要虐待我的儿子呀！"宋仁宗由此怨怪刘太后，亲近杨太后，尊称刘太后为大娘娘、杨太后为小娘娘。其实，刘、杨两个太后都是为了宋仁宗好，只不过教育方式存在差别而已。

宋高宗比较喜欢吃"洗手蟹"，就是将活蟹剥开，蘸着料汁吃。洗手的工夫这道菜就可以上桌了。据《事文类聚》中记载："北人以蟹生析之，调以盐梅芼橙椒，盥手毕即可食，目为洗手蟹。"

宋人对吃蟹很在行，一点儿不输现在的日料店刺身。北宋的傅肱和南宋的高似孙还写了专门的有关螃蟹的著作，即《蟹谱》和《蟹略》。在这两本书中，不仅对螃蟹美食有详尽的介绍和品评，还辑录了很多有关螃蟹的诗词等文艺作品以及趣闻逸事。

《梦粱录》中记载了一道"蟹酿橙"的做法："取黄熟带顶大橙子，截顶去瓤，留少许汁液，将蟹肉、蟹黄、蟹油酿入橙盅，装入小甑，以酒、水、醋蒸熟，用盐拌而食之。"就是将橙子从上半部分挖开，把果肉去掉，只留下一点儿汁，变成一个空心的橙子容器，然后将蟹肉、蟹黄、蟹油装进去，再加点酒、水、醋蒸熟，伴着盐吃。

螃蟹在宋朝十分常见，寻常百姓也可一饱口福。《东京梦华录》"饮食果子"条说："生炒肺、炒蛤蜊、炒蟹、渫蟹、洗手蟹之类，逐时旋行索唤，不许一味有阙。"

宋人还爱吃生肉片或生鱼片，就是宋人所说的"脍"和"鲙"。每年春天，开封市民都会去金明池垂钓，然后"临水斫脍，以荐芳樽"。现做现吃，风雅之至。梅尧臣《设脍示坐客》中记录有斫鲙的高超手法："我家少妇磨宝刀，破鳞奋鬐如欲飞。萧萧云叶落盘面，粟粟霜卜为缕衣。"鱼片削得薄如云叶，这技艺是相当出色的。他家的宾客都在排队等着吃。他也懂得搭配美酒去腥，赶快"呼儿便索沃腥酒"。以酒去腥也被陆游注意到，他在《买鱼》中说起鲈鱼，"斫脍捣齑香满屋，雨窗唤起醉中眠"。

美食家苏轼自然不能落下。苏轼《东坡志林》中记载他患了眼疾，大夫告诉他不能吃肉了，他说"余欲听之，而口不可"。意思是，我可以听，但是嘴不行啊。他还说嘴和他说，"我与子为口，彼与子为眼，彼何厚，我何薄？以彼患而废我食，不可"。意思是，我是你的嘴，它是你的眼，怎么能因为眼病了要薄待嘴巴呢，为什么厚彼薄此？苏轼的理论，可谓强词夺理了。

要想吃到美味的脍，必须有技艺高超的厨师。据《春渚纪闻》中记载："其操刀者，名之鲙匠。"所以，梅饶臣才会苦喊："欲脍无庖人！"

当然，食材也要新鲜。何薳说："吴兴溪鱼之美，冠于他郡。而郡人会集，必以斫鲙为勤。"吴兴溪鱼是做鱼脍的最佳食材，这也得到苏轼和黄庭坚的佐证。苏轼在《论食》中说道"吴兴庖人斫松江鲙"。赵令畤《侯鲭录》中记载了黄庭坚的话，其中提到推崇的"用吴人鲙松江之鲈"。不知道这两位好友是有过交流还是心有灵犀。

当然松江鲈鱼也有讲究，据《孔氏谈苑》中记载："松江鲈鱼长桥南所出者四鳃，天生脍材也。味美肉紧，切下终日色不变。桥北近昆山大江入海，所出者三鳃，味带咸，肉稍慢，向不及松江所出。"长桥南的鱼是做脍的好材料，桥北的稍次。

宋代人早已掌握了做肉酱的方法，会腌制一些鱼虾、螃蟹、鱼、肉等，经过多道工序，最终酿成美味的酱。

值得一提的是，宋朝的用餐方式逐渐从分餐制转变为合餐制，但一些重大的宴会还保留分餐制。比如宫廷宴会，皇帝自己置一桌，大臣们一桌，吃的都是流水席。而且，宋高宗已经开始使用公筷。据《西湖游览志余》中记载："高宗在德寿，每进膳，必置匙箸两副。食前多品，择其欲食者以别箸取置一器，食之必尽。饭则以别匙减而后食，吴后尝问其故，曰：'吾不欲以残食与宫人食也。'"皇帝御膳太多吃不完，会分给宫人享用。他每次吃饭用公筷把自己要吃的食物放到一个盘子里，以防宫人吃到自己的残食，是一种非常卫生的饮食习惯。

宋代老百姓的日常饮食

宋朝经济繁荣，人们生活水平逐渐提升，饮食行业得到了大力的发展。各地酒肆、茶肆星罗棋布，一片欣欣向荣的景象。

据《东京梦华录》中记载，北宋"在京正店七十二户，此外不能遍数"。《梦粱录》中说，临安城"买卖昼夜不绝，夜交三四鼓，游人始稀。五鼓钟鸣，卖早市者又开店矣"。不光是都城所在地如此热闹，其他城市也灯火辉煌，酒食丰富。比如，罗隐就曾这样描述汉阳城："汉阳渡口兰为舟，汉阳城下多酒楼。"

宋朝的百姓渐渐接受了合餐制，一家人围坐在一起，热热闹闹的。古人是非常讲究用餐礼仪的。在座次上，要做到主宾有别。最简单的方法就是看房门的位置。正对着门的位置是最尊贵的人坐的，背对门的位置一般是副陪的位置。主人的右手边是主客，左手边是次重要的客人。在家中，一般是由长辈坐正对门的那个位置的。

据《东京梦华录》中记载，汴京百姓的日常饮食特别丰富。面食类有各种饼和面条，宋人黄朝英在《缃素杂记》中记载："凡以面为食者，皆谓之饼。故火烧而食者，呼为烧饼；水瀹而食者，呼为汤饼；笼蒸而食者，呼为蒸饼。而馒头谓之笼饼是也。"汴京街头所卖的面食有胡饼、和菜饼、宿蒸饼、糖饼、肉饼、莲花肉饼等，更有生软羊面、桐皮面、糍糕、团子、猪羊荷包、蟹黄馒头、馄饨、太平毕罗等各色面食。

肉品也相当丰富，有汤骨头、乳炊羊、闹厅羊、角炙腰子、鹅鸭排蒸、荔枝腰子、烧臆子、入炉细项莲花鸭签、酒炙肚胘、虚汁垂丝羊头、入炉羊、羊头签、鹅鸭签、鸡签、盘兔、炒兔、葱泼兔、二色腰子、还元腰子、煎鹌子、生炒肺、炙鸡、燠鸭、羊脚子、点羊头、脆筋、巴子、獐巴、鹿脯、猪脏、抹脏、红丝水晶脍、白肠、鹑、兔、鱼、虾、退毛鸡鸭、软羊、大小骨、角炙犒腰子、沙鱼两熟、紫苏鱼、炒蛤蜊、炒蟹、渫蟹、洗手蟹、姜虾、酒蟹等。

蔬菜、瓜果、素食有：旋切莴苣、生菜、西京笋、假河鲀、假野狐、假炙獐、假蛤蜊、假元鱼、辣菜、镇府浊梨、河阴石榴、河北鹅梨、核桃肉、牙枣、海红、嘉庆子、林檎旋、乌李、李子旋、樱桃煎等。

汤羹类有百味羹、头羹、新法鹌子羹、三脆羹、群仙羹、金丝肚羹、石肚羹、头羹、石髓羹等。

汴京也出现了专门的地域性酒店，比如"川饭店"卖的有插肉面、大燠面、大小抹肉淘、煎燠肉、杂煎事件、生熟烧饭。"南食店"卖的是鱼兜子、桐皮熟脍面、煎鱼饭。还有专门的细分类店铺，比如插肉、拨刀、炒羊、细物料棋子、馄饨店。

南宋临安城的饮食吸收了不少南方的吃食，据《梦粱录》和《武林旧事》中记载，早餐人们可以吃到煎白肠、羊鹅事件、糕、粥、血脏羹、羊血、粉羹、烧饼、蒸饼、糍糕、雪糕、丁香馄饨等。

晚上想吃宵夜的话，可以吃到糖蜜糕、灌藕、时新果子、像生花果、鱼鲜、猪羊蹄肉、十色花花糖、蚫螺滴酥、豆儿糕、轻饧、麝香糖、蜜糕、金铤裹蒸儿、杨梅糖、杏仁膏、薄荷膏、十般膏子糖、雪泡豆儿、水荔枝膏、余甘子、新荔枝。木檐市西坊卖焦酸馅、千层儿、香辣罐肺、香辣素粉羹、擂肉、细粉科头、姜虾、海蛰鲊等。

要想回家做饭，可以去买生姜、姜芽、新姜、瓜茄、菜蔬等物，也可以买点海鲜，比如江鱼、石首、鳎鱼、鲋鱼、鲳鱼、鳗鱼、鯚鱼、鲫鱼、白鳜鱼、白蟹、河蟹、河虾、田鸡等，或者买点生熟猪羊肉、鸡、鹅、鸭，及下饭海腊、鲞膘、鸭子、炙鳅、糟藏大鱼鲊等物，主食可以来点馓子、小蒸糕、糖粥、烧饼、炙焦馒头、炊饼、辣菜饼、春饼等。

要是懒得做饭，想下馆子，那吃食就更丰富了，有百味羹、锦丝头羹、十色头羹、间细头羹等各色羹汤；还有荔枝焙腰子、腰子假炒肺、鸡丝签、鸡元鱼、鸡脆丝、笋鸡鹅、奈香新法鸡、酒蒸鸡；想吃点解腻的可以来点拂儿笋、麝香甘蔗、沉香藕、假炒肺羊熬等；想吃海鲜可以来点醋赤蟹、白蟹、酒法白虾、紫苏虾、燥子沙鱼丝儿等；要是想换新花样，可以品尝一下野味，有清供野味、煎黄雀、清擂鹌子等，还能点酒水饮料解解腻，如甘豆汤、椰子酒、豆儿水、鹿梨浆、卤梅水、姜蜜水、五苓大顺散、紫苏饮等。总之，品类多样，包君满意。

这些吃食的价钱都很亲民，汴京城的早点也不过十多文，酒店的吃食约十五文一种。据《宋史》中记载，百姓喝的"小酒"，价格在五文到三十文一斤不等，"大酒"的价位在八文到四十八文，可以根据自己的情况，买合适价位的酒。

当然，你不能吃得太刁钻，高端食材或反季果蔬、海鲜，价格不会太便宜。据《都城纪胜》中记载，临安城的"贺四酪面"卖到"五百贯"的高价，宋高宗还曾微服私访去吃，他想到这些小买卖人"皆京师旧人"，回忆起在汴京的种种，真是"忆往昔峥嵘岁月稠"啊，于是嘉赏了这家店。之所以卖到如此高价，是因为"贺四酪面"属于北方的一种乳酪制品，到了南方临安城，物以稀为贵了。

第八章

辛苦遭逢起一经：
读书人的艰辛

三十老明经，五十少进士：考中进士有多难

在宋代，科考做官，是不是很容易？非也，宋代考试更难，所以才有"三十老明经，五十少进士"的说法。意思是，如果是三十岁考取明经科，那算是年龄大的；如果是五十岁考上进士，那真的是太年轻了。

在宋代，科考是读书人的终极目标。为了实现这一目标，学子从小就要勤奋读书。苏轼曾说："吾八岁入小学，以道士张易简为师，童子几百人，师独称吾与陈太初者。"上小学有几百个孩子，就苏轼和陈太初得到老师的夸奖。大才子果然厉害！

学子们寒窗苦读，要付出比常人更多的努力，比如南宋魏了翁回忆自己当初与兄弟们学习，"虫飞而兴，日三商而罢，夜窗率漏下二十刻，受馆十余年犹一日也"。数十年如一日地学习，从早学到晚上才放学，晚上还要挑灯学习，直到十点才休息。大臣袁甫学习就更刻苦了，他的父亲兼老师讲书，"率至二鼓"，大概晚上九点到十一点吧，他们还听得津津有味，脸上毫无倦容。看到这些勤勉学习的人，才明白孟子的"故天将降大任于是人也，必先苦其心志，劳其筋骨，饿其体肤，空乏其身，行拂乱其所为，所以动心忍性，曾益其所不能"这句话说得多么恳切和真诚。

宋朝的科举考试分为常科和制科两大类。

常科的考试是由礼部组织的，在英宗朝定为三年一次，后成为惯例。常科的考试形式有解试、省试、殿试三级考试，由地方考试选拔优秀考生，到中央

考试。其中，殿试是由皇帝亲自主持的，还会亲自给考生定排名。能够参加殿试的考生相当荣耀，进士也被称为"天子门生"。连中三元就是在解试、省试、殿试三级考试中都能得第一名。纵观整个科举史，连中三元的学霸只有十几个。宋朝连中三元的仅有孙何、王曾、宋庠、杨寘、冯京、王岩叟六人。

制科的考试一般是国家选拔有特殊才能的人才，由皇帝亲自主持。宋真宗曾对制科考试给予高度的评价，他认为制科能够吸引有才华的文人，对于国家来说是非常有用且明智的选择。来自全国各地的学生汇集于京城，制科的考试内容非常难，首先要考"艺业"，也就是策论五十首。及格的考生可以参加由皇帝亲自主持的考试。其次要考试论六首。出题非常难，考生很难通过。苏轼和苏辙两兄弟，就曾参加制考。不过，王安石变法后，制考慢慢式微。

宋代科举考试的科目有进士、九经、明法、明经、学究等科。其中进士科属于综合类考试，前途最为光明，优秀的人可以做到宰执这样的高官，所以最受欢迎。进士科考的题目有"试诗、赋、论各一首，策五道，帖《论语》十帖，对《春秋》或《礼记》墨义十条"。除了考一些死记硬背的知识外，进士科要考"时务策"，就是论述对时务的看法、策略等，胸无点墨或者迂腐的书生，就难以精彩作答。宋代进士分为五榜，一二榜为进士及第，其中一榜只有三人，就是考试的前三名：状元、榜眼、探花。三榜为进士出身，四五榜赐同进士出身。

录取率如何呢？宋太祖建国之初一年举行一次考试，录取的人数非常少，第一年录取了十九个，第二年录取了十一个，按照这个录取法，这才是真正的千军万马过独木桥。宋太宗时期扩大了录取的名额，他在位十二年，录取了五千八百多名进士。很显然，参加太宗朝的考试要比参加太祖朝的考试容易好多。

就是进入殿试也不能掉以轻心。宋话本《赵伯升茶肆遇仁宗》中说，在一次殿试中，宋仁宗需要从甄选出的前三名考卷中挑一个最好的，第一张考卷答得特别好，但是有一个错别字。原来是张旭将"唯"字的偏旁"口"写成了"厶"，赵旭解释说这两个偏旁可以通用，宋仁宗一听十分不悦，旋即写下"私和、去吉、矣吴、台吕"八个字，赵旭看了非常尴尬，很不幸，他被宋仁宗刷掉了。

落第后的赵旭就在京师卖字画，过着穷困潦倒的生活。他老家在四川，毕竟来回一次挺不容易的，不如就在京城生活一年准备科考。宋仁宗有一次微服出宫，来到状元坊茶肆，看到墙上有两首赵旭的词作，突然想起当初点状元的事，便命人找到赵旭，给他进行了一场单独加试。赵旭是个愣头青，竟没认出宋仁宗，便说："在下学问不精，苛责不细，自取其咎。"宋仁宗听后暗自高兴，他对赵旭说，四川有个王制置是自己的外甥，你拿着我给你的信去投靠他吧，然后赠送了赵旭一些盘缠以及一个仆人。赵旭十分感激，就往四川走了。

不巧的是，他刚到成都，就传来了王制置调任的消息。赵旭一听，觉得自己很倒霉。仆人劝说他继续往前走，看看具体是什么情况。

此时四川的大小官员都在等待新任长官上任，是左等等不到，右等等不到。

山馆读书图　南宋　刘松年

仆人就让赵旭去接官厅看看。赵旭不去，仆人硬带着他去，还把宋仁宗给赵旭的那封信撕开了，原来那是一封任命书，赵旭被任命为这里的制置。赵旭这心情像过山车似的。

虽然这个故事的来源是话本小说，虚构的成分很浓，但是给予落第考生特别优待的这种事情还真有。

宋太祖开宝三年（970年），宋太祖就赐给了一百零六位久考不中的考生进士出身。顾炎武在《日知录》中说："宋时有所谓特奏名者：开宝三年三月庚戌，诏礼部阅进士及十五举尝终场者，得司马浦等一百六人，赐本科出身，特奏名。恩例自此始，谓之恩科。"特奏名"区别于"正奏名"，是朝廷对屡试不第的举子的特别优惠政策，积累够年限，上一定岁数，也不用层层考试了，特与奏名直接去进行殿试，这种考试也被称为"恩科"，体现了皇恩浩荡。

特奏名给了落第举子一线生机，从宋英宗治平三年（1066年）开始，特奏名殿试固定为三年举行一次，这对于广大考生来说是一种安慰。毕竟正奏名考试"千里挑一"。《宋会要辑稿》一语中的："国朝科制，恩榜号特奏名，本录潦倒于场屋，以一命之服而收天下士心尔。"

来参加考试的学生，不仅要能应对精神压力，还需具备足够的体力，另外还得提前找好住处。周密记载临安"其诸处贡院前赁待试房舍，虽一榻之屋，赁金不下数十楮"。意思是，考试前夕，考区周围的房子会涨价。看来通过考试出人头地，无论在什么朝代都是如此。

宋朝如何应对"科考移民"和科举舞弊

对于广大学子来说，科举考试高中就相当于鲤鱼跃龙门。他们不得不挤破头努力，争取榜上有名。但是有些人，总想着投机取巧。

有些人想通过"移民"博取考中的机会。洪迈在《容斋随笔》中说："按《登科记》，孙仅榜五十人，自第一至十四人，惟第九名刘烨为河南人，余皆贯开封府，其下又二十五人亦然。不应都人士中选如是其多，疑外方寄名托籍，以为进取之便耳。"由于开封籍贯的人录取得多，所以很多人都想冒籍，做个京师人，但这是不允许的。为了防范高考移民，朝廷不得不加大报考材料的审核。

之所以会出现这类作弊，主要是由于科举的解额制度。学子们通过解试后，就获得去礼部参加省考的名额。至于名额多少，是有固定比例的，各个地区的比例不一样，有些考生多，解额少的地区的学子就想方设法到考生少比例多的地方参加考试。

还有些考生，费尽心思，想通过作弊手段蒙混过关。

据《宋史》中记载："举人之弊凡五：曰传义；曰换卷；曰易号；曰卷子出外；曰誊录灭裂。"南宋还有大臣总结出科考中的十二弊："曰门关，曰纳卷，曰内外通传，曰全身代名，曰换卷首、纳白卷，曰吊卷，曰吏人陪《韵略》钱，曰帘内胥吏乞觅帘外胥吏，曰试宏博人怀挟传义，曰诸色人之弊，曰帘外诸司官避亲，曰印卷子，谨条于后。"总之，当时作弊的方式五花八门，为了科考真是"煞费苦心"。

从宋真宗景德四年（1007年）开始，考试变得越来越正规。考生考前会被搜身，看看有没有夹带。由于古代没有先进的检测仪器，只能靠简单粗暴的办法。比如，脱了衣服搜查，但是这毕竟不太雅观。宋真宗大中祥符五年（1012年）就取消了这种搜查方式，但是该搜还得搜。

不脱衣服搜查，厚的书本带不进考场，但小抄却容易带进去。有的人竟然"公然怀挟文字，皆是小纸细书，抄本甚备"。欧阳修看透了考生的把戏——他们雇人抄写这些小纸细书，写一本，给人家二三十千。有些民间书坊为了挣钱也没有底线，专门把经史子集之类印成小册子卖，取名叫"夹袋"，这意思不言自明。不过有更会投机取巧的，数十个考生一起攒点钱，雇一个人假装去考试，小抄他们不带，让雇的这个人带上。如果不被发现，到考场后，大家都能互相抄；如果被发现了，雇的这个人被撵出去，反正他压根儿就不是来考试的，无所谓。欧阳修有言："既本非应举之人，虽败，别无刑责，而坐获厚利。"这不禁让人感慨，有这小聪明，多背背诗文不好吗？

据《梦粱录》"士人赴殿试唱名"条中记载，考生到集英殿参加殿试，经过东华门时要搜身，不能夹带。而且还要检查身上有没有"绣体私文"，这说明有些考生为了作弊将文字刺在身上了。

所谓"传义"是指考生间传递信息，传小纸条或者是交头接耳。交头接耳是最低级的传义方式，高级的传义方式有"以线从地引入，饮食公然传入，弹圆随水注入"，五花八门，机巧百出。有的人干脆直接贿赂胥吏，监考的胥吏则睁一只眼闭一只眼，所以"同廊并坐，而传写尤便"。

有些考生会找人代笔，这种情况就更恶劣了。代笔的方式有很多种，可以找人顶替自己参加考试，也有冒名顶替别人考试的，还有从考场外传来答案的，还有提前买通考官知道考题找人写好的，等等。对于出现雷同试卷或者一字不差的试卷，宋人已经看得很明白，"一则考官受略，或授暗记，或与全篇，一家分传誊写；一则老儒卖文场屋，一人传十，十人传百，考官不暇参稽。"要么是考官透题，把标准答案都写好了，好多人都传递誊写。要么是老儒出了押题作文，大家都背好了，押中题目直接默写上了。

南宋科考代笔作弊的情形十分常见，嘉定年间，有大臣痛心疾首地说："日来多有冒名入场之人，颇骇人听。如甲系正名赴省，乙乃冒名入场。方州士子分糅杂错，书铺莫辨，安然入试，略无顾忌。十年之前，安得此弊？"

为了防止作弊，大宋也采取了很多措施，从考官、考生、阅卷、同保等方面严防死守。

在考官方面，为了防止考官和考生暗通款曲，考官会选一些品德高、学识渊博的人，而且一旦任命了省试知举官、考官，就要求他们去报到，然后"引送锁宿"，进行封闭式管理，"无得与僚友交言"。欧阳修曾当过考官，他记述"予幸得从五人者于尚书礼部，考天下所贡士，凡六千五百人。盖绝不通人者五十日"。他被隔离了五十天，可见朝廷对预防科举舞弊的重视。设置"别头试"，主要是针对考官为自己的亲友开绿灯的行为。为了避嫌，考官不能批阅亲友的试卷，得避嫌，另派其他考官阅卷。有的考生为了证明自己的实力，朝廷也防止这位考生被特殊照顾，所以会再考一次，由其他考官来监考，这被称为回避制度。如果有考官徇私枉法，则"许台谏风闻弹奏，重真典宪"。

对于考生也给予了足够的监督力度。科考的座位号是提前排好的，考生只能对号入座，不能自行选座位。

针对考生五花八门的夹带、代笔等手段，朝廷都制定了相应的处罚措施。比如，对于夹带的考生，是当即驱逐出场，并取消下一年的考试资格。再比如，宋太宗雍熙二年（985年）颁布诏令，对找人代笔作弊的人给予严重的处罚："今后如有倩人撰述文字应举者，许人告言，送本处色役，永不得仕进。同保人知者殿四举，不知殿两举。受倩者，在官停任。选人殿三举，举（保）人殿五举，诸色人量事科罪。"意思是，不仅作弊者永远不能参加科考，和他同保的人也要受到牵累。

从阅卷方面来说，考卷得把名字糊住，这样判卷老师也不知道谁是谁，体现公平公正。当然，如果有人和判卷老师打好招呼做个记号，或者判卷老师认识考生的字迹，那也可以作弊，针对这些情况，宋朝又将考卷另行誊抄。不过就算这样，依然有人作弊，誊抄的胥吏"取他人文卷之佳者改移入亲故卷内"。他们还收受贿赂，涂改甚至偷换试卷。范成大曾揭露："比年试院多有计嘱拆换卷子之弊，谓如甲知乙之程文优长，即拆离乙文，换缀甲家状之后。其卷首虽有礼部压缝墨印，缘其印狭长，往往可以裁去重粘。"

胥吏做这个誊抄的工作，其实很辛苦。嘉定年间负责誊抄的书吏"往往就院买饭，日夜誊写不休，食不饱腹"。他们多是一些市井之人，本身素质就不高，再有金钱的诱惑，他们便"不惧条法，恣行作弊"。其中，一些优秀的试卷难免遭到"暗算"，胥吏抄累了便会消极怠工，"辄为改易正本书人讳字，以免书写，甚则有焚匿遗弃之患"，把好的试卷改为犯讳的试卷，这样可以不用再抄了，更有的文章直接被焚毁了。

宋代有时还会进行"复试"，比如宋宁宗开禧二年（1206年），礼部将发解举人的合格试卷收到礼部，然后和殿试的试卷对照，要是写的字迹不一样，就会被驳放，也就是罢黜。

为了防止作弊，还会加强考生之间的互相监督。实施"互保连坐"，同一地区的十名考生为一保，互相监督，如果其中一个人有作弊行为，其他九个人就都不能参加考试了。比如宋太宗太平兴国七年（982年）规定："仍令礼部，自今解贡举人，依吏部选人例，每十人为保。有行止踰违，为佗人所告者，同保并当连坐，不得赴举。"

对于作弊侥幸成功的人，会实行秋后算账。比如秦桧当权时，他的儿子秦熺廷试第一。秦桧假模假式地把儿子降到第二位。秦桧的孙子秦埙"举进士，省试、廷对皆首选，姻党曹冠等皆居高甲，后降埙第三"。和秦桧沾亲带故的考试成绩都不错，甚至还有人目不识丁也中举了。这是因为秦桧安插了自己的亲信做考官。后来，秦桧死了，皇帝开始秋后算账，要贡院对合格举人中权要亲族的人进行复试，看看他们到底是真有真才实学还是靠着关系网才中举的。估计秦桧的孙子没啥水平，最终"夺埙出身"，并且对其他名不副实的人也采取不同程度的措施贬黜了。

《宋会要辑稿》中记载了宰相谢深甫的两个儿子谢采伯、谢荣伯考省试，谢深甫竟然找考官给他透题，然后又找人代笔，这两位兄弟果然"争气"，双双中举。等到谢深甫失势后，才有人敢站出来揭露，谢采伯、谢荣伯两个人才被驳放。

宋朝之所以会出现这么多作弊的人，根本原因是官场的腐败。考官不作为或者有权有势的人随意践踏考试的公正性。不过投机取巧、弄权受贿终不是正道，只有凭借自己的努力真正获得荣誉的，成为对国家有用的人，才能流芳百世。

中个状元有多风光

在宋代,只有状元、榜眼、探花这前三名才能享受簪花骑马游街的荣耀。除此以外,朝廷还会奖赏一大笔钱,举办宴会。

在古代,有科举四宴的说法。分别是鹿鸣宴、琼林宴两场文科宴和鹰扬宴、会武宴两场武科宴。其中,琼林宴是文科殿试后为新科进士举办的宴会,会武宴是武科殿试后为新科进士举办的宴会。

"琼林宴"由唐代的"曲江宴"演变而来。从唐中宗神龙元年(705年)开始,朝廷会为新科进士举办宴会,地点在曲江,所以称为"曲江宴"。据《宋会要辑稿》中记载,宋太祖执政时,于开宝八年(975年)三月十八日,"赐及第进士王嗣宗等钱百千,令宴乐"。从此,这个规定就沿袭了下来。由于这次宴会在皇家花园琼林苑举行,所以就被称作"琼林宴"。据《宋史》中记载:"政和二年,赐贡士闻喜于辟雍,仍用雅乐,罢琼林苑宴。"宋徽宗曾经改琼林宴为"闻喜宴"。到了南宋,虽然回不去开封,但仍沿用"琼林宴"的名字。

琼林宴作为国家级宴会,是什么规格呢?据《宋史》中记载:"庚申,覆试进士于讲武殿,赐宋准及下第徐士廉等诸科百二十七人及第。乙亥,赐宋准等宴钱二十万。"琼林宴花销巨大,档次应该不会低。

宋庠于宋仁宗天圣八年(1030年)参加了一场琼林宴,并对宴会有过详细的描绘。宴会场面宏大,环境优美。"银珰尊右席,绿帻佑双笇。饰喜优坊伎,均恩醾礼钱。沼浮渑酒渌,坻聚舜庖膻。场迴歌声合,风回舞节妍。柳疑添绀幄,鹦解啄鸣弦。"这里有教坊司的乐伎表演,还有玉盘珍馐,风和日丽,

宋代持笏朝臣俑

鸟鸣柳垂，欢声笑语，一派其乐融融的场面。

文天祥中状元后，享受到了赐宴琼林的待遇，他写了一首《御赐琼林宴恭和诗》记录了当时的情况：

> 奉诏新弹入仕冠，重来轩陛望天颜。
>
> 云呈五色符旗盖，露立千官杂佩环。
>
> 燕席巧临牛女节，鸾章光映壁奎间。
>
> 献诗陈雅愚臣事，况见赓歌气象还。

不过要在末世，状元也风光不了多久。宋度宗咸淳十年（1274年）的科举，王龙泽、路万里、胡幼黄是前三名，分别是状元、榜眼、探花，风光没多久，南宋就灭亡了。当时人们还用他们三个倒霉蛋的名字编了一首《三不得》："龙在泽，飞不得：路万里，行不得；幼而黄，医不得。"国破家亡，"不得"的又岂止他们三个？

书院那些事儿

"书院"这个词最早出现于唐朝，最早的书院主要负责官方藏书、校书，或者是个人读书学习的地方，和"学校"不沾边儿。"书院"发展到宋朝，已经突破原有的功能，发展成为学校，不仅有丰富的藏书，还拥有教书育人的教化功能。

"宋至中叶，文治寖盛，学校大修，远近僻邑莫不建。学士既各有群居肄业之所。似不赖乎私家之书院矣。"书院为什么在宋朝如此兴盛呢？这与官学的衰落有关。经过五代的纷争，宋代建立之初将财政收入多用于军事方面，疏于对官学的建设，科举取士又让社会弥漫着急功近利的应试之风。有社会责任感的大儒开始兴办书院，传播自己的思想。特别是理学的兴起，培养了大批有社会责任感的学子，他们以"为天地立心，为生民立命，为往圣继绝学，为万世开太平"为人生理想，将追求小我的幸福升华为追求大众的幸福。

当然，书院得以大兴，也离不开朝廷的支持。朝廷不仅给书院赐额、赐书，还从经济方面保障书院的维持，比如赐田、嘉奖等，使得师生可以衣食无忧，专心治学。

宋代的学院多设置在清幽的地方，这主要受到佛道思想的影响。比如朱熹创办的武夷精舍（紫阳书院）、竹林精舍（考亭书院）就给人以隐居山林之感。朱熹在《武夷精舍杂咏并序》中说："武夷之溪东流凡九曲，而第五曲为最深，盖其山自北而南者至此而尽耸，全石为一峰，拔地千尺……而忽得平冈长阜、苍藤茂木，按衍迤靡，胶葛蒙翳，使人心目旷然以舒，窈然以深若不可极者，即精舍之所在也。"试想一下，在这样的地方读书学习，应该十分惬意吧。

书院不光风景优美，学习气氛也不死板。书院会根据学生的志向和兴趣爱好，采取"分斋教学"，分别学习"经义"和"治事"两科。

"经义"类似文科，学习的是四书五经这些儒家经典。"治事"类似理科或者工科，学习的是算术、水利、治民这些实操性强的知识。只要学生不嫌累，也可以修一个双学位，多学几门课。毕竟，技多不压身。值得注意的是，应根据自身条件量力而行，否则会"贪多嚼不烂"。

学院一般都有名师坐镇，例如，陆九渊在象山书院主讲，张栻在岳麓书院主讲。有时还会请其他名师来学院举办讲座，比如朱熹就曾请陆九渊到白鹿洞书院讲学。这些大儒一般都有自己的学术和思想主张，他们能摒弃门户之见，足见学院的兼容并蓄和自由开放。

宋代书院的藏书十分丰富，如果想自学，来书院准没错。比如应天府书院"建学舍百五十间，聚书千五百卷"。南宋魏了翁创办的鹤山书院，藏书有十万卷，搜集过程也十分辛苦，"得秘书之副而传录""访寻于公私所板行者"，可见办学的先生对书院的建设真是不遗余力。

书院招生广纳天下英才，打破了地域限制。据《白鹿洞志》中记载，白鹿洞书院招生要"聚四方之俊秀，非仅取材于一域"。据《宋会要辑稿》中记载："熹为吏同安，得兼治其学事。学有师生诵说而经籍弗具，学者四来，无所业于其间。"莘莘学子不远千里，慕名而来。

由于学校好，天下学子都想来上课，特别是一些名校，范成大在《骖鸾录》中，称祖徕、金山、岳麓、石鼓四个书院为宋初的四大书院。吕祖谦在《白鹿洞书院记》中说"嵩阳、岳麓、睢阳、白鹿洞为天下所谓四大书院也"。

要想进书院读书，先得通过入学考试，然后开始准备入学礼。入学礼是非常严肃的事情。去学校，要穿着得体，《礼记》中说："礼义之始，在于正容体，齐颜色，顺辞令。"举止得体，仪容端庄，言辞恭顺，这是学生应该做到的礼节。

拜师礼也是必不可少的。首先，要拜至圣先师孔子，行九叩首之礼。其次，再向老师行礼，行的是三叩首之礼。最后，学生还要送给老师束脩六礼，分别是肉干、芹菜、龙眼干、莲子、红枣和红豆，这些食品都有美好的寓意：肉干寓意感谢师恩；芹与"勤"同音，寓意学子功课"勤"；龙眼寓意启窍生智；莲子是称赞老师苦心孤诣地教书育人；红枣寓意学子早日登科；红豆寓意大展宏图。

学生入学前还要"净手"，目的是洗去杂质，能够平心静气、一心一意地求学。

最后一项是朱砂点痣。由于"痣"和"智"同音，所以也叫"朱砂启智"，老师拿着蘸有朱砂的笔，在学生的眉心点一下，寓意开启智慧。

学子正式入学后，要完成学校安排的课业，按照学校的宗旨办事，书院强调：父子有亲，君臣有义，夫妇有别，长幼有序，朋友有信；博学之，审问之，慎思之，明辨之，笃行之；言忠信，行笃敬，惩忿窒欲，迁善改过。此为修身之要……由此可见，学院不仅重视学生的学业，也重视学生品质的培养。

宋代学院为社会培养了一大批人才。比如范仲淹，他曾经执掌应天书院教席，相当于校长，他培养出的学生有张方平、张载、文彦博、富弼等。书院培养的人才不光是为了自己，他们有着很强的社会责任感。岳麓书院的学生爱国，有气节，在国家将亡之际，书生凭借血肉之躯也要上阵杀敌。据《宋元学案·南轩学案》中记载："宋之亡也，岳麓精舍诸生乘城共守，及城破，死者无算。"据《宋元学案·丽泽学案》中记载："长沙之陷，岳麓诸生荷戈登陴，死者十九，惜乎姓名多无考。"白鹭洲书院的校长江万里面对元军的滋扰，他说："大势不可支，余虽不在位，当与国共存亡。"写下"人生自古谁无死，留取丹心照汗青"的文天祥也像老师一样，舍身就义，留下的《衣带赞》令人读之落泪："孔曰成仁，孟曰取义，惟其义尽，所以仁至。读圣贤书，所学何事，而今而后，庶几无愧。"

桃李不言，下自成蹊。宋代书院对人才的培养值得我们学习，穿越千年，书院留下的遗篇仍然值得我们深思。

长达月余的"大宋同学会"

同学会，这种聚会形式在宋朝也有，而且规模不输现在。据《梦粱录》中记载："凡官府春宴，或乡会，或遇鹿鸣宴，文武官试中设同年宴，及圣节满散祝寿公筵，如遇宴席，官府各将人吏，差拨四司六局人员督责，各有所掌，无致苟简。"这里的"乡会""鹿鸣宴""同年宴"都具有同学会的性质。

"鹿鸣"取自《诗经·小雅·鹿鸣》"呦呦鹿鸣"一句，"鹿"与"禄"同音，寓意升官发财。鹿鸣宴是在乡试放榜后举行，由地方官吏主持，宴请新科举子和内外帘官，也就是负责这场考试的工作人员。举办鹿鸣宴是为去参加省考的考生饯行以及宣传地方教化。作为文人，在宴会上自然不能少了吟诗作赋。从他们的诗文创作，也能见微知著，了解其才识。

有些地方还会资助士子去考试，比如南宋时，宁波"于常例外，制司酒息钱内各特送五百券，以助观光之行"，这体现了地方对学子的尊敬。同时，学子若高中，也是地方的荣誉。

同年宴是指同榜进士参加的聚会。宋代赵昇在《朝野类要》中说："同榜及第聚会，则曰同年会。"琼林宴、闻喜宴和期集都属于同年会。

宋代的"期集"聚会是比较重要的聚会。在宋初，期集是考生自发形成的。据《宋史》中记载："缀行期集，列叙名氏、乡贯、三代之类书之，谓之《小录》。醵钱为游宴之资，谓之'醵'，皆团司主之。"按照惯例，需要士子筹钱举行期集。

到了北宋中期，科举录取的人数越来越多，由宋初的几十人增加为几百人，比如宋徽宗宣和六年（1124 年），"得沈晦已下八百五人"。随着录取人数的增加，期集无法容纳所有的新科进士，所以只能筛选部分人进入期集。期集对于士子们来说非常重要，他们希望通过这次交往认识更多的同僚，为以后的仕途行方便。"初第人多喜入局，得陪侍三状元，与诸同年款密，他日仕途相遇，便为倾盖。"所以，新科考生们都绞尽脑汁想参加期集。

那如何挑选呢？让前三名状元、榜眼、探花负责组织和挑选，也就是《宋史》所讲的"上三人得自择同升之彦，分职有差"，这可难倒了挑选者。宋理宗宝庆二年（1226 年）的探花李昂英，就有过这样的烦恼。据《全宋文》中记载，李昂英高中之后写给家人的信中，多次诉说他的烦恼："同年诸友相见，求入局者甚众，应酬无暇。""同年之求入局者，多挟朝贵，或托相知，颇为所挠，只得随轻重区处。"

这一时期，期集不再是自发性质的，而是由官方组织。开封兴国寺成为北宋新科进士期集的地点。据《宋史》中记载："新进士旧有期集，渡江后置局于礼部贡院。"也就是说，南宋把期集的地点定在礼部贡院。

朝廷不光提供期集的场所，还出钱赞助他们办聚会。据《续资治通鉴长编》

中记载，宋神宗熙宁六年（1073年），"赐新及第进士钱三千缗，诸科七百缗，为期集费。进士、诸科，旧以甲次高下率钱期集，贫者或称贷于人"。之后，南宋则沿袭北宋的传统。

刘一清的《钱塘遗事》中记载了举办"期集"的详情：状元一出来，大家都争相看状元的尊容。等到第二名、第三名出来，众人也呼喊他们为"状元"。他们在礼部贡院别试所参加期集，负责局中的所有事物。"牒请、纠弹、笺表、小录、掌仪客、司计、掌器、掌酒果、监门，多者至五六十员，少者亦不下四十员。视事官送牒例皆二十。"这种期集五日举行一次，大家吃完饭后就可以自由出入。三个状元得住在局中，直到罢局，也就是期集结束。这样的日子得持续月余。

除了登科，同年之间私下也会举行聚会。宋代比较重视同年之情，有的同年考生之间的关系十分亲密，比如司马光就说自己于范镇"兄弟也，但姓不同耳"。司马光在洛阳修《资治通鉴》，范镇已经年老多病，但仍从许昌赶到洛阳，然后两个人结伴游览了洛阳的山山水水，最终"尽欢而散"，两个人的兄弟情真是令人向往。滕子京谪守巴陵郡，为什么要让范仲淹为岳阳楼题文，这不光因为范仲淹有名，更因为他与范仲淹是同年。

中举的士子还会参加"同年乡会"，举办乡会的目的是"笃枌榆之谊"，据《朝野类要》中记载："诸处士大夫同乡曲，并同路者，共在朝及在三学，相聚作会曰乡会。"乡会类似于如今的老乡会，通常由同一籍贯的在朝官员中最德高望重的人组织。袁甫曾作《新安乡会》，内容为："紫阳自是神仙窟，谁泛仙槎竞问津。二妙先传联璧喜，九人齐著赐袍新。自怜十载龙门客，来领三科燕席宾。酬颂年家无浪语，黄山高节两嶙峋。"从袁甫的记录我们可以看出，参加同年乡会的既有穿新袍的新科举子，还有当官好多年的"十载龙门客"。

参加各种样式的同学会，一般都要做一个"小录"，刻录与会者的名单，类似于通讯录。这个形式主要是强化"同"的意识，以期在以后的仕途中互相提携与扶持。与现在的同学会相比，大宋的同学会政治味更重，目的性更强。

第九章

云旗翻青汉，逐鹿走红尘：
竞技场上的任性与洒脱

蹴鞠场边万人看：我们都爱足球

有人调侃说，英国人后悔发明了乒乓球，中国人后悔发明了足球。在吐槽国足多年无缘世界杯时，谁能想到，千年之前的大宋曾是一个"蹴鞠之国"呢？

宋朝开国之初，宋太祖赵匡胤就经常和大臣们一起进行蹴鞠活动。北宋画家苏汉臣在《宋太祖蹴鞠图》中描绘了赵匡胤、赵光义和四位大臣一起踢球的场景。赵匡胤有习武的底子，玩起蹴鞠来是游刃有余，根本不需要别人暗中相让。据说他擅长当时被称为"白打"的花式蹴鞠，用头、肩、背、膝、腹、足等部位灵活控球，后人曾题诗描绘这一场景："一气洪濛运化钧，乾旋坤转不停轮。"说明场上花活不断，异常精彩，君臣之间斗智斗勇，显出一派和谐的场景。

民间的蹴鞠活动异彩纷呈，城中百姓无不以蹴鞠取乐，"东城丝网蹴红毬，北里琼楼唱石州"，当时的蹴鞠活动显然已经普及各地了。宋朝蹴鞠的玩法有好多，宋太祖和大臣们一起玩的"白打"就是其中一种。这种玩法无须球门，多是自娱自乐，谁踢得花样多、动作标准，谁就能赢得满堂彩。这种玩法要求"人球合一"，对自身的协调性要求较高，团队配合就不那么重要了。

与"白打"对应的是团队对抗性踢法"筑球"。在这种两队竞技的踢法中，只有一个球门。与现代足球不同，这个球门被设置在场地的中央。在一个网状屏障中间，设计一个直径约一尺的洞，这个洞被称为风流眼。竞技者将球射进

大明殿会鞠图　徐操

风流眼中就算进球。比赛时，每队出场十六个人，各自站在自己的场地。有一个开球的球头，开球之后，要依照一定的顺序来传球，最后回传给球头，由球头向风流眼一脚爆射。这一过程中，球始终不能落地。另一方的球员可以接住从风流眼中穿越过来的球，继续传导和射门。球在哪一方落地，哪一方就算输了。由此看来，这种玩法非常考验传球和射门的技巧。

在宋朝，民间自发的蹴鞠活动十分盛行，出现了专业的民间足球协会"圆社"。无名氏的《满庭芳》中写道："若论风流，无过圆社，拐膁蹬蹑搭齐全。门庭富贵，曾到御帘前。灌口二郎为首，赵皇上、下脚流传。"可见蹴鞠在当时的流行程度。圆社的成员众多，机构庞大，分社遍布全国各地，每年都有一次各分社互相切磋的"山岳正赛"，引领着全民踢球的风潮。如果玩家苦练球技，通过了圆社的技术考核，就可以成为正式的圆社成员了。接下来玩家就可以到各分社跑码头，并获得免费接待。

根据圆社的规定，蹴鞠是一种展示技艺的表演项目，与现代足球相比，技术门槛较高。一个普通的市民基本上无法完成这种高难度的足球体操。与其说圆社成员是职业运动员，不如说他们是"蹴鞠艺人"。每年全国性的山岳正赛就是这些艺人的"定级赛"，他们被定在什么样的级别和地位，决定了他们能收多少徒弟，在什么地段卖艺。因而，相比于现代的竞技运动员，宋代蹴鞠高手更像是"娱乐圈"的。

捶丸：宋朝怎么玩转高尔夫

如今，高尔夫球被认为是高大上的一种运动，1744年，苏格兰爱丁堡高尔夫球友协会制定了最早的高尔夫"13条军规"，成为高尔夫运动最初的成文规则。其实在这之前的1282年，一个署名为"宁志斋"的元朝人就已经记录并系统地解析了兴盛于宋朝的"中国高尔夫"，并编成《丸经》一书。这种在宋徽宗

时期上至皇帝大臣、下至三教九流的运
动被称为"捶丸"，顾名思义，就是
一种以棒击球的运动。

在宋人魏泰的一部史料笔记
《东轩笔录》中，曾有一段关于棒
击球运动的有趣记载。书中提到
这么一则传闻：南唐未灭国时，有
一个县令钟离君与临县县令相约结
为儿女亲家。钟离女儿嫁过去之前，家
里买了一个从嫁的婢女。有一天，这个婢女

蕉荫击球图　宋　佚名

拿扫帚扫地，在堂前看到一处小坑，不禁潸然泪下。诧异的钟离君问其缘由。
婢女回答道：我父亲曾将这个小坑当成球窝，让我于此击球取乐。钟离君经过
核查，发现此女之父为本县前县令，身死家破后，女儿流落民间，卖身为婢。
于是钟离君暂缓女儿婚约，先为此女谋得良媒，才将自己的女儿嫁出去。

这则故事中所讲的击球游戏是马上挥杆击球的运动，过于激烈，容易发生
危险，基本属于只适合男子参与的对抗性游戏。后来，这项运动演进为易于女
子操作的驴鞠乃至更为简易的步打球。

唐庄宗李存勖的养子郭从义非常善打驴球。宋太祖赵匡胤知道他球技高超，
一日想观其打球。郭从义觉得表现的机会来了，他纵驴驰骋在球场，击球如闪
电，展现了高超的球技，大家都连连称赞。打完后，赵匡胤给郭从义赐座。郭
从义本以为会得到赵匡胤的一番奖赏，没想到赵匡胤说："卿技固精矣，然非将
相所为。"

李攸《宋朝事实》中记录了一场盛大的打球比赛。"宋太平兴国五年，令有
司详定打球仪。三月，会鞠于大明殿，用其仪。"这场比赛，驴球、马球、步击
球轮番上阵，当时还供奉分朋戏于御前以为乐。

唐朝的步打球就是捶丸的前身，类似现在的曲棍球，虽然不及马球那样激烈，但也带有一定的对抗性。到了宋代，这些运动方式随着时代的发展悄然发生改变。当时的文化强调儒家的纲常伦理，关注妇女的道德和行为规范，宫廷内部崇文思想盛行，这些因素都让传统的球类运动褪去了强度锻炼的成分，从而成为纯粹的娱乐和表演游戏。捶丸游戏正是在这种背景下兴盛起来的。吴白作了一首《宫词》，描述的就是宋朝宫女被传唤去捶丸的场景：

> 昨日传宣唤打球，星丸月杖奉宸游。
>
> 上阳宫女偏蹻捷，争得楼前第一筹。

工欲善其事，必先利其器。要想玩好捶丸游戏，必须有一个高配的球棒。正如《丸经》中所讲："夫欲精善其艺，必须得好利器。谓如击得球好，亦须得好棒。"在这方面，宋徽宗可谓一个处处占得先机的"大玩家"。作为捶丸游戏的铁杆粉丝，宋徽宗不仅有充裕的时间和精力打磨球技，在装备上更是让其他玩家望尘莫及。他所用的"帝王杆"都是以纯金打造边缘，玉器点缀其顶，连包装都是制作精良的锦盒。

但是，打造一个好球棒的精髓并不在于此。据《丸经》中记载，打造装备的精髓有两点，其一是"采取材料不可不知其法"。这是选取制作木材的讲究，必须选用秋冬时的木材，因为此时的木植"津气"在内，材质坚牢。这种取材之法科学上未得考证，但符合古人"顺四时之气"的自然观；其二是"工从主，料以理"，即必须根据主人的自身条件来造棒。通过量身定制，来选取合适的棒头、棒身和握柄，使之完美契合主人的身高、臂展和承重能力。比如小孩子体弱臂短，就只能玩缩小版的捶丸游戏。有诗云："城间小儿喜捶丸，一棒横击落青毡。纵令相隔云山路，曲折轻巧入窝圆。"说的就是小孩子玩捶丸时，击球入穴的情景。只是孩子们将捶丸游戏做了一些改良，变成了场地更小，球棒也更轻便的"角球"。当然，这种球棒的定制化并非所有人都能负担得起，因而大多数捶丸玩家是宋代社会中的贵族阶级。

定制完装备之后，还需要熟悉一下游戏规则。捶丸既可以是单人比赛，也可以组队参加。团体参加时，9 到 10 人的分组被称为"大会"，7 到 8 人的为"中会"，5 到 6 人的为"小会"，3 到 4 人的为"一朋"，2 人的则为"单对"。游戏开始后，每人要挥三棒，三棒皆将球击入窝中才能赢得一筹。最初每人分 5 筹，赢得 10 筹、15 筹、20 筹方为得胜，分别被称为小筹、中筹和大筹。分出胜负后，还要以筹为据分割财物。

据《丸经》中记载，捶丸游戏的场地也很讲究。一般选在有平地、凸地、凹地、草地等多种地形的园林。具体选取场地时，要先划定一个约 1 平方米的球基，然后在距离球基一定范围内，挖十个左右的球洞，每个球洞旁边都要插一面彩旗来标记位置。

如果你了解现代高尔夫运动的话，就会发现捶丸游戏简直就是这项运动的古代翻版！因此有理由认为，高尔夫球这项吸引了成千上万爱好者的现代西方体育活动，与千余年前北宋王朝盛行的捶丸游戏有着一定的渊源。从历史轨迹来看，13 世纪时蒙古军三次西征，建立了横跨亚欧大陆的蒙古帝国，打通了欧亚大陆之间融合交流的通道，而兴起于北宋时期的捶丸游戏，完全有可能通过这一途径传入欧洲。面对这种历史的巧合，谁又不会浮想联翩呢？

投壶：寓教于乐的居家游戏

投壶是宋代人非常热爱的居家娱乐活动。北宋著名诗人王珪有诗云："时闻玉女牵帘笑，箭跃铜壶不算筹。"无论是文人士大夫，还是居家女子，都经常玩这种游戏。

投壶是一种精致的传统游艺活动。游艺在古代是一种寓教于乐的文化艺术乃至娱乐活动。《论语》中说："志于道，据于德，依于仁，游于艺。"孔子将游艺作为一种自觉地领悟知识的修养，后来游艺泛指人们悠游于技艺之中。而投壶作为儒家六艺之一射礼的衍生活动，一直都是儒家修身自省的重要游艺活动。北宋文学家和政治家司马光对这项活动给予了很高的评价，他认为"投壶可以治心，可以修身，可以为国，可以观人"，是一种非常文雅的娱乐和社交活动。

投壶一开始只流行于上流阶层，据《礼记》中记载，当有重要活动时，常常要举行射礼，但有时空间有限，射礼施展不开，就以投壶来替代。《左传》中有这样一个典故，记载了早期投壶的大致情况。春秋时期，齐景公曾亲赴晋国，为新继位的晋昭公祝贺。席间，两国国君以投壶为乐。晋国大夫穆子称若是晋昭公投中，就要号令诸侯。而齐景公说，倘若自己投中，则"与君代兴"，既有为新君助兴之意，也暗含取而代之的双关。最终，两个国君都投中了，不欢而散。经过多个朝代的演变，投壶的娱乐性越来越强，到了宋朝，已经成为文人重要的娱乐活动。

投壶在宋朝有多流行，在文学家的诗文中可得一见。欧阳修在《归田录》中谈及文学家杨忆，说他每次写文章，都要与门人宾客投壶饮酒，一边博戏一边构思创作，基本上是文不加点，健笔疾飞。梅尧臣更是将投壶视作人世间无穷之乐事。当然，如此好玩的游戏，自然也少不了苏轼。他在《送王伯扬守虢》一诗中直言"三堂本来一事无，日长睡起闻投壶"，好不惬意自在。投壶游戏如此好玩，连武将岳飞也"文艺"起来，《宋史》上写岳飞"好贤礼士，雅歌投壶，恂恂如儒生"，岳飞不上战场时，也是一个儒雅的投壶玩家。

那么，投壶游戏具体怎么玩呢？首先主宾双方要安排角色。主方负责组织进行侍奉工作的童子、使人和乐手。宾方一般要承担投壶的主持工作和裁判工作，具体身份安排如下：

司射：主持投壶者，一般由主方的属吏充任。

司正：主方人员担任，掌正宾主之礼，可以处罚失利者。

酌者：为负方酌酒，由胜方子弟充任。

大师：乐工首领，掌协音律。

乐人：奏乐之人，主方人员充任。

使者：执事之人，主方人员充任。

童子：主方来观礼的未成年人。

庭长：众宾之长。为宾方人员。

冠士立者：乡人来观礼中的成人，为宾方人员。

由此可见，举办一场投壶活动的阵仗可不小，向来有一定的礼法要求。投壶时，人们需要凝心聚神、不偏不倚，象征了文人"中正"的理想典范。相应地，司马光曾于1072年创作了《投壶新格》一书，书中根据古礼之义，对投壶进行了全方位的总结，试图复兴投壶古礼。在投壶的设计上，有相应的尺寸和大小规定。在玩法上，司马光还为不同的投壶方法赋予了不同的得分权重。如果是侥幸得胜，或者剑走偏锋，颠倒反复，在得分上就会有一定的限制。只有回归古法的投壶方式才能提高分数，不过这种严格的限制并没有在民间发挥作用，人们基本上延续了原来相对灵活的投壶方法，而且新意频出。

宋代的投壶器具一般在两侧添加三厘米左右的壶耳，被称为"贯耳壶"。在具体投箭入壶时，每一局游戏投四箭，每三局为一轮。在一轮游戏中，投掷全中为最优状况，除此之外，分数先满120分的一方获胜。投壶的算分方式十分讲究。如果第一箭投中，算10分，则代表君子谋事之初便能谨慎行事。如果后面连中，则算5分。如果第一箭投中难度更大的"贯耳"，则算20分，连中贯耳，也算20分。散箭算一分，散箭投中贯耳，则算10分。最后一箭投中算15分，奖励做事善终。此外，还有一种"骁箭"，指的是箭从壶中弹出来被接住，再投再中，代表善于改过，算 10 分。值得一提的是，如果有一方三局比赛 12 箭全中，无论多少分都为胜利，这种情况被称为"全壶"。一轮比赛下来，有多种获胜、逆转的可能性，这也大大增强了投壶活动的娱乐性。

整体来说，投壶是一种不伤情志、行止有度的健康游艺活动，而不是让人耽于享乐的单纯游戏。宋朝的邵伯温曾提到投壶有安心提神、舒展气血的功能。在他所写的《邵氏闻见录》中，记载了一个国子监老师对学生的提议："久坐，于气血有伤，当习射、投壶、游息焉。"投壶活动融音乐、歌唱、竞赛和身体锻炼于一体，并且全程以礼贯之，既能娱乐身心，缓解怠惰，颐养性情，还能保持游戏氛围的友好，获得一种在互动中娱乐的自然舒畅。

宋版冲浪：弄潮儿向涛头立，手把红旗旗不湿

在水师训练基地改造的皇家公园金明池中，经常会有水戏表演，最精彩的节目之一就是"水秋千"。据《东京梦华录》中记载，水秋千表演就是在荡秋千高度与秋千架齐平时，表演者突然一个鲤鱼打挺，一个筋斗跳入水中，激起层层水花。这种小型的戏水表演，与钱塘江健儿的"持旗踏浪弄潮之戏"相比，自然是小巫见大巫了。

所谓弄潮，指的是"舟人渔子溯涛触浪"，然后随浪前进，类似于现在的冲浪活动。据《武林旧事》中记载，每年农历八月，临安府的长官都会到钱塘江校阅水军，几百艘战船分列两岸，演习阵法。演习完之后，会有百名善泅水的吴地健儿，披头散发，手持大彩旗，争先恐后地迎着潮水而上，在钱塘江的巨浪中忽隐忽现，他们泅技高超，在"海涌银为郭，江横玉系腰"的大潮中翻腾变换出各种姿态，但旗尾丝毫不会被水打湿。江岸上下数里，满是身穿华服的观众，也有卖吃喝的，搭建专门看台以供出租的，场面极其热闹。

宋朝临安城的百姓，总能大饱眼福。如《梦粱录》中所言，临安城"西有

湖光可爱，东有江潮堪观，皆绝景也
湖美景和钱塘江大潮，一动一静，
风格迥异，既能颐养性情，又能
振奋精神。而文人雅士描绘钱塘
江大潮和弄潮表演的惊叹之作，
则更具艺术张力。比如苏轼有观
潮诗云："万人鼓噪慑吴侬，犹是
浮江老阿童。欲识潮头高几许，越
山浑在浪花中。"整个越山都被浪潮
盖过了，极言江潮声势之大。蔡襄则描绘

月夜观潮图　南宋　李嵩

了"弄潮船旗出复没，腾身潮上争骁雄"的
景象，透出弄潮健儿神出鬼没、勇争上游的非凡气势。

　　弄潮健儿是临安百姓心目中的勇士，与宋朝"积弱"的形象截然不同。当
他们表演归来时，人们纷纷以钱财、酒肉犒劳，并致以欢呼和鼓乐。考虑到弄
潮儿面临的风险，他们受到这样的优待一点儿也不夸张。宋人有诗云"弄潮已
叹吴儿险，更有人从死处生"，如果有比弄潮还危险的活动，那真的是太不可思
议了。明代李东阳甚至苦口婆心地劝人们"莫弄潮，潮水深""潮能杀人身"。
虽然苏轼在杭州做官时喜欢观潮，但他并不支持"弄潮"的冒险行为，在一次
钱塘江观潮之后，他有感而发：

　　　吴儿生长狎涛渊，冒利轻生不自怜。

　　　东海若知明主意，应教斥卤变桑田。

　　也许是出于人本思想，苏轼希望钱塘江被填平为桑田，这样那些水性好的
吴家子弟就不会不顾危险，为获奖金而冒利弄潮了。据《淳祐临安志》中记载，

每年的弄潮活动中，都有人丧生。有人未经训练，就以身试弄潮，结果沉没身亡。因此，官府有时也会禁止弄潮活动。蔡襄任杭州郡守时，也很两难。他一方面被弄潮健儿的竞技精神和水中技艺所震撼，另一方面也担忧弄潮所造成的危险。北宋治平年间，蔡襄专门作了一篇《戒约弄潮文》：

> 顾有善泅之徒，竞作弄潮之戏。以父母所生之遗体，投鱼龙不测之深渊。自为矜夸，时或沈溺。精魄永沦于泉下，妻孥望哭于水滨。生也有涯，盍终于天命。死而不吊，重弃于人伦。推予不忍之心，伸尔无穷之戒。所有今年观潮，并依常例，其军人百姓，辄敢弄潮，必行科罚。

　　尽管民间的弄潮活动在北宋被官府所禁止，但自发的弄潮之戏却无法被完全遏制。有不少身安体健的吴中健儿，还是忍不住要对潮使技，他们手把红旗，向潮头立，逆潮而上，骁勇无比。到了南宋时，临安城弄潮活动再度复兴，官方开始鼓励勇敢的健儿参与泅水弄潮的体育活动，而且皇帝和大臣们也都来驻足观看。此时的弄潮活动，在文人的眼中竟然多了一番感慨命运的厚重感。恰似陆游在词中的自述："此身恰似弄潮儿，曾过了、千重浪。且喜归来无恙。一壶春酿。雨蓑烟笠傍渔矶，应不是、封侯相。"不知道其他观看弄潮的人，能不能像陆游一样"识破浮生虚妄"，恍然开悟？

第十章

生活不只眼前的苟且：
漫溯宋人的诗与远方

说走就走：宋代"驴友"都是些什么人

生活不只眼前的苟且，还有诗和远方。在宋朝，也有很多旅行爱好者，有的是欢欣鼓舞地去，有的则是被迫"旅游"。总结起来，宋代"驴友"主要有如下几类人：

第一类是文人士大夫。

这类人中有科考前游学的士子，也有被贬谪或调任的官员。

曾巩有一首《读书》的诗讲述了他"四方走遑遑"的游学经历，他说"一身如飞云，遇风任飘扬。山川浩无涯，险怪靡不尝"，可见游学之辛苦与艰难。士人游学，在于访求名师先贤，世人游学过程中若与人结伴或者同在一个老师处学习，不仅对自己所学有所增益，以后在官场也能相互照应。

《齐东野语》中记载了沈偕少游京师的事：

湖州归安人，字君与。沈思子。家饶于财，少游京师，入上庠，好狎游。豪侈之声满三辅。神宗元丰二年登进士。尽买国子监书以归。

除了沈偕，文学家张愈也爱旅游，他"隽伟有大志，游学四方，屡举不第"，他"喜弈棋，乐山水，遇有兴，虽数千里辄尽室往。遂浮湘、沅，观浙江，升罗浮，入九嶷，买石载鹤以归"。

乐山水的不止张愈一人，可以说这是文人士大夫的爱好。罗大经《鹤林玉

苓岩绮阁图　南宋　赵伯骕

露》中记载了他的好朋友——宋太祖第九世孙赵季仁的平生三愿：一愿识尽世间好人，二愿读尽世间好书，三愿看尽世间好山水。据《能改斋漫录》中记载，"张相公齐贤，洛人。布衣时，尝春游嵩岳庙，饮酒，醉卧于巨石。"可见，在宋朝不乏这种喜爱游乐的文人。

比如欧阳修游醉翁亭，正是在他被贬于滁州期间发生的事情。范仲淹游岳阳楼也是他被贬河南邓州时，同样遭遇到贬谪的滕子京要重修岳阳楼，嘱托他为其作文。而苏轼自诩平生功业，在黄州、惠州、儋州，在这些贬谪的地方，他写下了很多千古名唱。

《学记》曰："独学而无友，则孤陋而寡闻。"所谓独乐乐不如众乐乐，很多文人士大夫喜欢结伴而行。宋仁宗明道元年（1032 年），欧阳修曾与人二游嵩岳，一次是春天，一次是秋天。"秋，盖从通判谢绛奉御香告庙也。礼毕，同游五人，皆见峭壁大书神清之洞。"秋天那次，和他同游的有五个人，还有"从者十数人"。

第二类是有宗教信仰的人，如和尚、尼姑之类的佛道人士。

比如和苏轼交好的佛印，就曾到多处游玩。仅从他和苏轼的交往中，可以得知他们曾一起游览过庐山。宋神宗元丰七年（1084 年），"轼与了元游庐山，识其徒自顺，并为题品"。了元即佛印的别名。据《洋州志》中记载，一日佛印与苏轼游于某寺，读某碑，同行的还有佛印禅师的弟子。苏轼回去问左右，有没有能记下来碑文的人？大家都相顾错愕，只有一个人能诵得十之七，苏轼很震惊，问他的法号，原来他叫"自顺"。苏轼说："逆则烦恼，顺则菩提。"至此，自顺就被大家称为"顺菩提"。

据《清异录》中记载："比丘无染游庐山，春雨路滑，忽仆石上，由是洞见本原。士大夫称为泥融觉。"意思是，有一个比丘游庐山，下过雨的石头容易打滑，这个比丘不小心摔了，也顿悟了。释惠洪说自己在钟山居住期间，"超然山水间，梦亦成趣"。他还记述了自己的游览经历："尝乘佳月登上方，深入定林，夜卧松石上，四更，自宝公塔还。"看来，这是一次愉快的夜游。

僧人游方或行脚的现象十分常见，他们往来各个寺庙传经说法或者向高僧求法，无形中成为"驴友"中的一员。道人也有喜欢旅游者。据《夷坚志》中记载："道士齐希庄，不知何许人，学养生，喜游名山。"他来到王屋山后，发觉王屋山风景太好了，不愿意离去。于是架草堂，住在了这里，采摘四时水果、栗子等吃。他在这里住了三年，后来他的平静被打破了。不光有猴子模仿他，还有长得不怎么像人的童子问路，问过后，童子"疾去如飞，直度岭壑，望之不可及"，而且他的门前还有许多脚印，他非常害怕，就不在这儿居住了。当然，也许这个故事有点奇幻色彩，但足以说明一些道士也是爱游历的。

还有一些宗教信徒，喜欢去朝拜。比如《乐善录》中记载了一位老婆婆去游峨眉山，她"携一竹杖挈青布囊，龙钟不能行，盖关中人因游礼峨嵋山至此，偶感疾也。"

第三类是商人。

所谓"商人重利轻离别"，他们为了经济利益奔波于各地。比如《金瓶梅》中，西门庆的父亲远走川广贩中药材，等到西门庆接手之后，他还请来保、来旺或韩道国到杭州等地去做绸缎买卖。而他本人为了疏通关系，也去了趟东京贿赂蔡京。

第四类是普通百姓。

普通百姓的旅游范围通常是一些城市公园、热闹的周边城市、寺庙之类，距离应该不会太远。据《梦粱录》中记载，贫穷的人，"亦解质借兑，带妻挟子，竟日嬉游，不醉不归"。杨万里的诗歌"户户游春不放春，只愁春去不愁贫。今朝道是游人少，处处园亭处处人"，描写的就是百姓游春的欢乐景象。

普通百姓都安土重迁，经济没有达到一定水平的人，可能很少有机会远距离旅游，除了那种遭遇重大灾难的人才会去寻亲，或是投奔可靠的人，但性质距旅游相去甚远，比如秦香莲为寻夫去东京城找陈世美，她孤苦无依的情态实在难以归到旅游的行列。

妇女除了跟随丈夫出游，也会约好友出游。周师厚在《洛阳花木记》中写道："都人士女必倾城往观，乡人扶老携幼，不远千里，其为时所贵重如此。"这里洛阳花开，男女老少都纷至沓来，好不热闹。邵雍在《春游五首》中说："三月牡丹方盛开，鼓声多处是亭台。车中游女自笑语，楼下看人闲往来。"可见，女子出游并非什么新鲜事。

除了以上，还有帝王"畋游"以及"入境旅游者"等类人，比如宋真宗就曾下诏允许大食国的使者"优加馆饩之礼，许遍至苑囿、寺观游览"，但这都不是主流。远走他乡很难，但在近的地方玩赏，逛庙会、游花园、游走于热闹的街头或是坐享于勾栏瓦肆，俨然成为宋朝普通市民的生活日常。

贬谪还是公费旅游，全看心态

南宋费衮所撰的《梁溪漫志》中记载了一个小故事：

有士人贫甚，夜则露香祈天，益久不懈。一夕，方正襟焚香，忽闻空中神人语曰："帝悯汝诚，使我问汝何所欲。"士答曰："某之所欲甚微，非敢过望，

竹鹤图　南宋　马远

但愿此生衣食粗足，逍遥山间水滨，以终其身足矣。"神人大笑曰："此上界神仙之乐，汝何从得之？若求富贵，则可矣。"

一个贫穷的士人，每天焚香祈求上苍。一日，神人真的来了，问他想要什么。士人回答："我的欲望很小，不敢有过分的祈求，但愿这一生衣食差不多满足就行，逍遥山水间，以终其身就够了。"神人听后，哈哈大笑说："这是上边儿神仙的乐事，你怎么能得到呢？若你只是求富贵，就可以满足你。"

原来想要"衣食粗足"容易，但要此生"逍遥山间水滨"难啊！因为富贵易得，闲适难求。许多文人士大夫嘴上说着想要游山玩水，自在逍遥，其实真实的心境不是这样的。比如范仲淹说"素心爱云水，此日东南行。笑解尘缨处，沧浪无限清"，看似有闲情雅趣，但这只不过是他人生的一个侧面而已。他在被贬谪到河南邓州时，借着重修岳阳楼，他写题记的时候，大抒胸中块垒："先天下之忧而忧，后天下之乐而乐。"他欣赏湖光山色，但心中想的还是天下苍生、家国情怀，所以他"进亦忧，退亦忧"。不过他已经摆脱了个人的苦闷，"不以物喜，不以己悲"，而是投向了更广阔的视

　带着指南回大宋

野——居庙堂之高则忧其民，处江湖之远则忧其君。

欧阳修对唐人被贬谪时自怨自艾很不以为然，他在写信给被贬谪的尹洙时说：

> 每见前世有名人，当论事时，感激不避诛死，真若知义者，及到贬所，则戚戚怨嗟，有不堪之穷愁形于文字，其心欢戚无异庸人，虽韩文公不免此累。

欧阳修说韩愈也不免被贬谪后戚戚然地嗟叹。他提倡不因外界的影响而动摇内在的坚忍。所以他在被贬滁州期间，"素志于江湖之上"。游醉翁亭的时候，写下了与人为乐的欢乐场景。"朝而往，暮而归，四时之景不同，而乐亦无穷也。"他享受到了"醉能同其乐，醒能述以文"的闲适与旷达。梅尧臣被贬谪时说"但愿音尘寄鸟翼，慎勿却效儿女悲"。与欧阳修所要表达的精神境界不受外界干扰的情形一致。

心态乐观，可以在贬谪之地享受到快乐，但容易招致祸端。比如苏轼被贬谪到惠州时，他曾作《惠州一绝》："罗浮山下四时春，卢橘杨梅次第新。日啖荔枝三百颗，不辞长作岭南人。"此诗一出，政敌听说苏轼在惠州过得挺快乐的，于是再次将他贬谪到更远的儋州。而苏轼这个乐天派，仍然能乐观地看待生活。

从客观上说，文人士大夫爱旅游，除了有寄情山水的情怀外，也是消极的逃避心理作祟。官场尔虞我诈，充满了纷争与攻讦。不如归去，做个闲人。王安石就曾说："功名如梦幻，气节之士，岂肯摧气节以就功名？"所以他们放下功名利禄的束缚，拾起云游天地间的雅兴，及时行乐。在他们身上，不光有儒家的"为天地立心，为生民立命，为往圣继绝学，为万世开太平"的雄心壮志，也有老庄的思想作为他们失意时的精神给养。

背上行囊后该走向何方：宋朝的旅游资源很丰富

旅游资源是旅游的依托，大宋正因为有这么多好玩的地儿，所以才能吸引文人骚客尽情游览。

首先，湖光山色是文人经常造访的地方。"游人恋山水，日晏澹忘归。"这些自然景观乃天地之造化，很受文人喜爱。比如王安石曾游褒禅山，苏轼曾游西湖、瘦西湖、石钟山、庐山、兰溪，欧阳修曾游滁州幽谷、浮槎山，范成大曾游峨眉山、苏舜钦曾游太湖等，例子不胜枚举。

他们往往于山水间大发感怀，越发觉得山水可亲可爱。比如，辛弃疾说"我见青山多妩媚，料青山见我应如是"。再比如，王安石说"终日看山不厌山，买山终待老山间"。

为什么文人如此热爱湖光山色呢，其一是景色奇绝。比如洞庭湖在范仲淹的笔下是"衔远山，吞长江，浩浩汤汤，横无际涯。朝晖夕阴，气象万千"。钱塘江在陈师道的笔下是"漫漫平沙走白虹，瑶台失手玉杯空。晴天摇动清江底，晚日浮沉急浪中"。庐山在苏轼的笔下是"横看成岭侧成峰，远近高低各不同"。总之，自然风光或雄壮或瑰丽，人造之景无可与之比拟。其二是受"仁者乐山，智者乐水"的影响以及个人的爱好和好奇，比如做过宰相的范纯仁就曾说："予自少喜为山水之游，凡所至有名山胜概，虽迤险必造焉。"其三是因为山水景色往往还藏有寺庙、亭台、山洞等景色，更有文人骚客多会于此，游览这些仿佛踏寻先人足迹。以古人自况，发思古之幽情。

其次，人们还比较喜欢造访亭台楼阁以及园林、寺庙、道观、遗址等人文建筑。在宋代，某个名人可能就会让此地景观声名鹊起，比如岳阳楼因范仲淹的《岳阳楼记》一炮而红，醉翁亭因欧阳修的《醉翁亭记》而千古闻名。

大宋的寺庙并非都是森严庄重，人迹罕至的。大相国寺就是一例，作为皇家寺院，它还会定期开放举行庙会。庙会之日，人声鼎沸。袁褧在《枫窗小牍》中记载了太平兴国寺牡丹盛开之时的景象："不逾春月，冠盖云拥，僧舍填骈。"

另外，寺院还有演出可看，欧阳修说"相国寺前，熊翻筋斗；望春门外，驴舞柘枝"。可见，大相国寺节目之精彩。寺院中渗透着烟火气，也是大宋寺院的一大特色。

古迹常引人大发兴亡之感，比如苏轼游赤壁，便写下了著名的《念奴娇·赤壁怀古》；范成大游览馆娃宫，便写下了《馆娃宫赋》等。

再次，大都市是最受人们欢迎的地方。说起东京，哪个宋人不想来东京逛逛，去樊楼大吃一顿，再去瓦舍看看表演，如果能目睹李师师的风采那是最好不过了。尤其赶上盛大的节日，比如上元节，那"宝马雕车香满路。凤箫声动，玉壶光转，一夜鱼龙舞"的奇观，定会让人终生难忘。或者去欣赏皇家园林金明池和琼林苑也是不错的选择。但是要赶对的时候，这些地方只有三月初一至四月初八才允许士庶游行。当然，除了东京，还有洛阳、大名府等比较大的城市，都很受旅游者的喜欢。在大城市游玩，可以买一张地图，宋人称之为"地经"或"里程图"。一图在手，就不怕迷路了。

最后，城郊和乡村的风物人情。苏轼有诗云："城中居人厌城郭，喧阗晓出空四邻。"大概居住在城市中的宋人也有点"久在樊笼里，复得返自然"的感觉，所以向郊野寻找闲情逸趣。《梦粱录》中记载了清明时节杭州人去郊游的场景，看上去和现在的郊游、一日游并无分别：

官员士庶，俱出郊省坟，以尽思时之敬。车马往来繁盛，填塞都门。宴于郊者，则就名园芳圃，奇花异木之处；宴于湖者，则彩舟画舫，款款撑驾，随处行乐。此日又有龙舟可观，都人不论贫富，倾城而出，笙歌鼎沸，鼓吹喧天，虽东京金明池未必如此之佳。嬛酒贪欢，不觉日晚。红霞映水，月挂柳梢，歌韵清圆，乐声嘹亮，此时尚犹未绝。男跨雕鞍，女乘花轿，次第入城。又使童仆挑着木鱼、龙船、花篮、闹竿等物，归家以馈亲朋邻里。杭城风俗，侈靡相尚，大抵如此。

厌倦了城市的纷纷扰扰，不如去乡村走走。陆游曾写《游山西村》一诗，讲述了他在农村喝腊酒、吃鸡豚的趣事，朴素的农村生活让他心情舒畅，不禁吟叹"山重水复疑无路，柳暗花明又一村"。

在宋朝，旅游是一种社会风尚。百姓游玩享受，士大夫更是偷得浮生半日闲，去寻觅陶冶性情的玩乐之处。王安石曾作诗《每见王太丞邑事甚冗而剸剧之暇犹能过访山馆》："我看繁讼频搔首，君富才明见亦常。尚有闲襟寻水石，更留佳句似池塘。松苗地合分高下，凫鹤天教有短长。徐上青云犹未晚，可无音问及沧浪。"王安石捻断几根须的时候，而王太丞仍有闲暇出去玩赏，王安石着实羡慕啊！出去玩虽然是身体在路上，但却是对心里的观照。如有闲暇，我们不妨也邀朋访友，去寻觅那好山好水，亭台楼阁，做一回抛却琐事的潇洒自由人。

爱写旅游日志的大宋文人

就像现在很多旅游博主去哪里都要写一篇旅游攻略，并拍照留念一样，千年前的宋朝文人旅游时靠写旅游日志来打卡。宋代文人有很多公务出游的机会，比如欧阳修曾在宋仁宗景祐三年（1036年）去夷陵上任，他把这次公务旅行写到了《于役志》里。《于役志》记录了欧阳修从贬谪前的几日，到五月二十四日离开开封，再到九月十七日抵达公安渡的行程。按照时间顺序，他前前后后走了五个月。《于役志》的内容涵盖沿途的风景名胜、风土人情，以及交友宴饮等场景，其不光是一篇旅游攻略，更是一篇有深度的文化旅游介绍。作为文坛盟主，欧阳修的《于役志》受到许多人效仿，并开创了一个写作体式——日记体。

其实写游记并非从欧阳修这里开始的，早在东汉年间，就有马第伯的《封禅仪记》，记录了汉光武帝刘秀泰山封禅的整个封禅仪式的过程，这也是迄今为止发现的最早的游记。

陆游效仿《于役志》，写了《入蜀记》，记载了他从山阴赴任夔州，也就是从今天的浙江绍兴到重庆奉节一带的所见所闻。其中涉及自然风光，风土人情、历史考证等方面的内容，而且夹叙夹议，就像一个导游，在介绍知识的同时，还兼有品评，增加了趣味性。

除此之外，还有王安石的《鄞县经游记》、范成大的《骖鸾录》和《吴船录》、郑刚中的《西征道里记》、周必大的《归庐陵日记》和《南归录》等游记。

有的文人没有写游记，而是造访哪里，便写一篇文章或是一首诗来纪念。比如苏轼的《记游松风亭》：

余尝寓居惠州嘉祐寺，纵步松风亭下。足力疲乏，思欲就亭止息。望亭宇尚在木末，意谓是如何得到？良久，忽曰："此间有甚么歇不得处！"由是如挂钩之鱼，忽得解脱。若人悟此，虽兵阵相接，鼓声如雷霆，进则死敌，退则死法，当恁么时也不妨熟歇。

苏轼住在惠州嘉祐寺时，走到松风亭下，走不动了，腿也疼，脚也乏，想找个地方歇歇。他本想去松风亭歇歇，但还很远。他又想，我为什么不在这里休息呢？于是他的心情就像挂在鱼钩上的鱼挣脱了鱼钩一样得到了解脱。他就是

碧山绀宇图　南宋　赵伯骕

在这一趟小小的记游中体悟到随遇而安的道理。他在《记承天寺夜游》中，讲述了自己夜晚兴之所至，邀请张怀民一起夜游承天寺，他体悟到"何夜无月？何处无竹柏？但少闲人如吾两人者耳"。宋代文人多是在旅游中有所体悟，然后记下自己的心情。正如司马光在《乐》中所说的那样："吾心自有乐，世俗岂能知。不及老莱子，多于荣启期。缊袍宽称体，脱粟饱随宜。乘兴辄独往，携筇任所之。"他们追求的是一种超越世俗的乐趣。

宋朝有很多旅游爱好者，比如，理学家邵雍说"生平爱山山未足，由此看尽天下山。求如华山是难得，使人消得一生闲"。再比如，罗大经说他的好朋友赵季仁"因言朱文公每经行处，闻有佳山水，虽迂途数十里，必往游焉"。基于宋朝人爱旅游的情况，出现了《方舆胜览》和《舆地纪胜》，涵盖山川、风俗、人情等方面的内容。

但是长途出行往往人困马乏，还要有充足的时间和金钱，并不是每个人都能做到。所以这些文人士大夫就发明了新的旅游玩法——卧游。卧游就是以欣赏山水画或者看游记来代替亲自去旅游。

卧游早已有之。梁武帝就是一个爱好旅游的人，他说："实欲卧游千载，畋渔百氏，一行为吏，此事遂乖。"一旦要经手政务，就很难有闲情逸致出去放松了。南朝宋的画家宗炳是一个卧游达人。他年轻时行经很多地方，"西陟荆、巫，南登衡、岳，"最后生病了，不得已回到江陵，他感叹："老疾俱至，名山恐难遍睹，唯当澄怀观道，卧以游之。"然后他把自己游历过的名山画出来，闲暇之时反复观摩。

爱卧游的宋人很多，"不下堂筵，坐穷泉壑，猿声鸟啼，依约在耳，山光水色，滉漾夺目"。这样的乐趣是被一些俗务缠身的文人喜爱和追求的。陈允平在柎先伯父菊坡先生遗墨时，大发感慨："江上轻鸥似识，背昭亭两两，飞破晴渌。一片苍烟，隔断家山，梦绕石窗萝屋。相看不厌朝还暮，算几度、赤阑干曲。待倩诗、收拾归来，写作卧游屏幅。"如此良辰美景，皆为画中之景，那这首《疏影》也算作"游记"了。

一些山水画上的题跋也是卧游"游记"的突出代表。比如南宋葛郯曾为《潇湘卧游图》题跋,洪迈曾为《睢阳五老图》题跋,他们欣赏一次名画山水,也是一次美的享受。他们的林泉之乐在卧游中得以彰显和释放,为我们留下宝贵的精神遗产。爱写旅游日志的大宋文人,如何叫人不喜欢呢?

住宿备好"身份证",等级次序不能乱

在古代,驿站是提供给传递军事信息或官方文书的情报人员和往来官员的住宿、换马的场所。宋朝实行以兵士为递夫的制度,住宿、换马的场所也相应地被称为"递铺"或"铺驿"。

递铺分为三种,即步递、马递、急脚递,这是根据速度区分的。据沈括《梦溪笔谈》中记载,急脚递最快,日行四百里,只作军用。在熙宁年间,又增加了"金字牌急脚递",日行五百余里,"以木牌朱漆黄金字,光明炫目,过如飞电,望之者无不避路",这种金字牌急脚递传递的信息比较紧急和机密,一般是由皇帝发出的,三省、枢密院也不能参与其中。

上面说的是第一个功能,然后来说驿站的第二个功能——住宿。如果是公职人员,则有官房酒店——"驿站"提供住宿。驿站也要看入住者身份地位,会按照官员官阶的大小分配房间。据《宋史》中记载:"赴福建、广南者,所过给仓券,入本路给驿券,皆至任则止。"据《宋史》中记载:"又出班谢面天颜、沿路馆券、都城门外茶酒。"当官的住宿,朝廷不仅会发住宿券,还发吃喝券,福利可谓非常好了。

唐代诗人温庭筠到襄阳赴任,一路上住的几乎都是驿站,他曾在商山附近的驿站休息,还写了一首《商山早行》:"晨起动征铎,客行悲故乡。鸡声茅店月,人迹板桥霜。槲叶落山路,枳花明驿墙。因思杜陵梦,凫雁满回塘。"范成

大到静江府赴任，就曾下榻婺州金华驿、龙游龙丘驿、信州玉山驿、临江军万安驿、萍乡县萍实驿等。

宋朝的旅馆业非常发达，《东京梦华录》称汴京"燕馆歌楼，举之万数"。所列数字难免夸张，但足见汴京旅馆之多。"街西，保康门瓦子。东去，沿城皆客店，南方官员、商贾、兵级，皆于此安泊。"相国寺附近也分布着很多旅馆，"以东，向南曰第三条甜水巷。以东，熙熙楼客店，都下着数"。南宋的都城临安也有很多客店，据周密《武林旧事》中记载，临安"三桥等处，客邸最盛"。据《夷坚志》中记载，李生"入粟得官，赴调临安，舍于清河坊旅馆"。

宋朝有官营的酒店，比如宋仁宗"以上清宫田园、邸店赐国子监"。宋仁宗庆历六年（1046年）七月，宋仁宗又以"洪福禅院火，即诏以院之庄产、邸店并赐章懿皇太后家"。说明上清宫和洪福禅院都经营旅馆。一些皇亲国戚、高官也有旅馆产业，比如赵普、驸马都尉魏咸信等。

如果是外国使节，想饱览京都汴京的繁华景象，朝廷也会安排酒店。都亭驿接待辽国使节，都亭西驿接待西夏使节，礼宾院接待回纥、于阗的使节，同文馆接待高丽、青唐使节。一些南番、西番、大食人要住在怀远驿，瞻云馆也是用来接待番邦使节的。

在临安，设置班荆馆是用来接待金国使节的，怀远驿用来招待高丽、占城、大理、真理富国、大食等国的使者等。除此之外，温州、明州等地也有专门的旅馆来接待外国使节。

一些风景名胜地也有旅馆，比如邵雍游龙门，曾写"龛岩千万穴，店舍两三家"。成都转运使赵抃曾夜宿青城山的小旅馆："尝过青城山，遇雪，舍于逆旅。"

就算在村里都有乡村野店，比如苏轼到庾岭，"少憩村店。有一老翁出，问从者曰：'官为谁？'曰：'苏尚书。'翁曰：'是苏子瞻欤？'曰：'是也。'"偏僻的乡村小店也知道苏轼这号人物。一般来说，乡村野店的设施会差一点儿，比如《夷坚志》中记载，汪致道曾"投宿小村邸，唯有一室"。乡村野店由于营业额少，和大型酒店比起来，收入自然天差地别。比如宋故州节度使米信，他在"京师龙和曲筑大第，外营田园，内造邸舍，日入月算，何啻千缗"。

如果既没钱，也没身份，那么是不是就得露宿街头了？

实在不行的话，还可以去寺院投宿。据《铸鼎余闻》中记载："合掌捧杵者，为接待寺，凡游方释子到寺，皆蒙供养。按其杵据地者则否，可一望而知也。"寺院门前的韦陀像，如果是站立着金刚杵拄地的，那表示不接待挂单的游方僧和其他客人。挂单可以理解为借宿，若是韦陀手捧金刚杵，笑嘻嘻的，想投宿的客人，就有地儿睡啦。

聊宋人的出行方式，看宋朝的交通文化

在宋代旅游，我们想象的是骑着马，背着背囊，背囊里装着干粮和银票，潇潇洒洒走天涯。说实话，你想骑着高头大马驰骋，还真有点难。因为宋朝的马比较珍贵，大都是从外族人那里买来的。一旦两国关系恶化，马就更加稀缺了。

稀缺是稀缺，但乘马出行的人也有，特别是在京城这种繁华富庶的地方。宋神宗熙宁五年（1072 年），日本僧人成寻来到东京，他就租了马匹作为代步工具游赏汴京。之后还写了一本书叫《参天台五台山记》。我们一起来看看他的花销：

僧人成寻加翻译在内一行九人租了九匹马从住处到皇宫，"马人与钱九百文了，各百文有也"。一匹马一百文，一共花费九百文。

之后，他们又租了九匹马参观了几座寺院，"今日借马九匹，与钱一贯五百文了"，一共一贯五百文，平均每匹马的价钱约一百六十多文。

次年正月，他们又租了两次马，"借马九匹与九百文毕"，合每匹一百文。

雪景图（局部） 南宋 马远

三月份又租马到显圣寺，"马各七十文毕"，每匹七十文。

之后他们又租了一次远程，"路极远，三十里，"价钱是"马人与一百五十文"，也就是一百五十文钱打来回走六十里，平均每里地二点五文。

这说明，租赁代步工具在宋朝非常方便。《东京梦华录》中记载了租赁车马的便利和价格低廉："稍似路远倦行，逐坊巷桥市，自有假赁鞍马者，不过百钱。"

魏泰《东轩笔录》中记录："京师人多赁马出入，驭者先许其直，必问曰：'一去耶？却来耶？'苟乘以往来，则其价倍于一去也。良孺以贫，不养马，每出，必赁之。"如果你租马，马主人先问你是走一趟还是打来回，然后再说租赁价格。

如果不想骑马，可以坐轿子。成寻来到杭州后，去灵隐寺是乘轿来回的，"轿子担二人各五十文"。他从剡县县城到国清寺来回，"**轿子功七十文**"。之后他又长途打轿，去新昌县，"私以六百七十文钱雇二人乘轿，余人徒行。过三十五里，至新昌县……"

遇到没有马的时候，不必担心，也可以骑驴。在《清明上河图》中，在卷轴的最右端，一群毛驴踢踢踏踏地进城。在范宽的《溪山行旅图》中，也有驴

带着指南回大宋

拉车的景象。从宋代名人的诗句中，也能找见老驴为代步工具的痕迹。比如陆游的诗作《剑门道中遇微雨》中就说自己"细雨骑驴入剑门"。

宋代王偁的《东都事略》中记载了陈抟坠驴的故事："尝乘白驴欲入汴，中途闻太祖登极，大笑坠驴，曰：'天下于是定矣！'"陈抟一看就是个心系天下的修道人，听说宋太祖登基，天下大势一定，过于兴奋了。

据叶梦得《避暑录话》中记载，王安石也喜欢骑驴溜达，他说："王荆公不耐静坐，非卧即行，晚卜居钟山谢公墩，畜一驴，每食罢，必日一至钟山纵步山间，倦则即定林而卧睡，往往至乃归。"

据邵伯温《邵氏闻见录》中记载："枢密章公楶谓余曰：'某初官入川，妻子乘驴，某自控。儿女尚幼，共以一驴驮之。近时初官，非车马、仆从数十不能行，可叹也。前辈勤俭不自侈，大盖如此。"章楶初上任时，他们夫妇带着孩子骑驴赴任，十分节俭。

除了骑驴，也有人骑着骡子出行。比如苏辙说哥哥苏轼"老兄骑骡日百里"。李洪曾作了一首《骑骡》诗云："留城北去去分骡，冷笑亲朋驷马多。赖得劲蹄无可碍，一鞭安稳过沙河。"为什么他不骑马呢？他在题注中写得清清楚楚："留城镇无马，羌骡相送。"再次佐证了马在宋朝是稀缺资源。

如果走水路，还能租船。比如秦观就曾说："买舟江上辞公去，回首蓬莱梦寐中。"他这不是买了艘船，而是租了一艘船。洪迈《夷坚志》中也有"买舟"的记载："京师人刘观为秀州许市巡检，其子尧举买舟趋郡，就流寓试。"

铜钱、铁钱是大宋最主要的货币。北宋主要以铜钱为主，南宋则以铁钱为主。如果准备出行，一定要备好钱，否则真的可能产生"人在囧途"的状况。说到这儿，你可能不禁要问，铜钱、铁钱怪沉的，宋朝不是有银票嘛，那时间的银票被称为"交子"，那么，为什么不带轻松便利的交子呢？

交子最早产生于四川，是由多家富户联合起来成立了"交子铺"，交子铺发行交子，主要是为了适应四川的贸易，出了四川交子就行不通了。

后来交子铺遇到了一些问题，"资产寝耗，不能即偿"，官府就出面关闭了这种民间性质的交子铺，开始发行官营的交子。交子发行的面额最初是五贯和十贯钱，后来改成一贯和五百文，总的来说，面额还是比较大。一般人平时吃个饭打个驴住个宿，给店小二一张交子的话，别指望他能给你换成零钱。所以，还是老老实实地带着现钱吧，不然人家无法接待你。

带着指南回大宋

第十一章

狂欢复狂欢：
宋朝一年竟有
五个「黄金周」

揭秘千年前的年味儿

中国人最重视的传统节日就是春节了。每当春节临近，人们都会不远千里赶回家过年。从腊月开始，人们就忙着置办年货、洒扫庭除，年味儿就来了。直到元宵节，年才算结束。有的地方甚至会热闹到农历二月初二。

寒岩积雪图（局部） 南宋 马远

在宋代，春节的氛围早早地就开始了。据《东京梦华录》中记载，腊月初八浴佛会，各个寺庙的僧人会送"七宝五味粥"给门徒，也就是"腊八粥"。据《梦粱录》中记载："此月八日，寺院谓之'腊八'。大刹等寺，俱设五味粥，名曰'腊八粥'。"可见，这腊八粥最初和佛教有关。人们在家也煮粥吃，腊月初八吃腊八粥的习俗就这么延续了下来。

到了腊月二十四，也叫"交年"，人们请僧人道士看经，还要准备一些酒水果品送神，烧点钱纸，在灶台上贴灶马。将酒

带着指南回大宋

糟涂抹到灶门上，称之为"醉司命"，晚上在床底点灯，称之为"照虚耗"。听起来和现在过小年祭拜灶王爷大同小异。在宋朝，腊月二十四是小节夜，三十日是大节夜。一些富贵人家一下雪就举办宴会，"塑雪狮，装雪灯，以会亲旧"。

临近除夕，街上有卖门神、春联的，不过那时候不叫春联，而叫桃符。据《东京梦华录》中记载，东京城此时"市井皆印卖门神、钟馗、桃板、桃符，及财门钝驴、回头鹿马、天行帖子。卖干茄瓠、马牙菜、胶牙饧之类，以备除夜之用"。据《梦粱录》中记载，临安城"士庶家不论大小家，俱洒扫门闾，去尘秽，净庭户，换门神，挂钟馗，钉桃符，贴春牌，祭祀祖宗。遇夜则备迎神香花供物，以祈新岁之安"，和现在的风俗差不多。

值得一提的是，在腊月还有一种类似西方万圣节的习俗，装神弄鬼，打扮得狰狞恐怖，敲锣打鼓，挨家挨户去要钱，这种习俗被称为"打夜胡"，人们给钱则寓意驱赶邪祟。

除夕夜，宫廷里十分热闹，会举办一个大型的驱除邪祟的活动。有装门神的、装判官的，还有的装钟馗、小妹、土地、灶神等，总之，有一千多号人，他们"自禁中驱祟，出南薰门外转龙弯，谓之'埋祟'而罢"。晚上就开始放爆竹，皇宫内噼里啪啦地响，热闹非凡。人们都围着炉子坐在一起，守岁到天亮。守岁之词，在南宋当数杨缵的《一枝春·竹爆惊春》最受欢迎，即：

竹爆惊春，竞喧填、夜起千门箫鼓。流苏帐暖，翠鼎缓腾香雾。停杯未举。奈刚要、送年新句。应自有、歌字清圆，未夸上林莺语。

从他岁穷日暮。纵闲愁、怎减刘郎风度。屠苏办了，迤逦柳欺梅炉。宫壶未晓，早骄马、绣车盈路。还又把、月夜花朝，自今细数。

过了除夕就是"元旦"，现在的元旦是公历的 1 月 1 日，在宋代指的是正月初一。据《梦粱录》中记载："士夫皆交相贺，细民男女亦皆鲜衣，往来拜节。"人们穿新衣拜年，而且"不论贫富，游玩琳宫梵宇，竟日不绝。家家饮宴，笑语喧哗"。

士大夫互相拜年，但那么多同僚，属实有点拜访不过来，所以就产生了"拜年飞帖"，即投刺。周辉在《清波杂志》中说："宋元祐年间，新年贺节，往往使佣仆持名刺代往。"投刺，就是用一块小竹板、纸或者其他物件，上面写上自己的名字、祝福语，然后派仆人送给自己想拜访的人。

周密《癸辛杂识》中记载了一个有趣的故事，他的表舅吴四丈比较幽默，过节的时候没有仆人能替他送刺，正徘徊着不知该如何是好，恰逢朋友沈子公的仆人来送刺，他就邀请这个仆人喝酒。然后偷偷地将朋友的刺换成自己的，仆人不知道，继续去其他家送刺，其实送的都是吴四丈的刺。等到和沈子公聚会时，吴四丈掏出一把沈子公的刺，他俩哈哈大笑。

对于送刺的做法，司马光很不以为然，他认为"不诚之事，不可为之"。自己不亲自来拜访，派仆人来也就罢了，还派仆人送那么多家，真的是走形式。

元旦这天，街上开始关扑，以食物、动使、冠梳、领抹、缎匹、花朵、玩具等物作为筹码，大家争相观看，非常热闹。

元旦官员不能歇息，得进宫参加"元旦大朝会"。据《梦粱录》中记载："百官皆冠冕朝服，诸州进奏吏各执方物之贡。诸外国正副贺正使随班入贺。"文武百官穿着非常正式，还有各个州、各个国家的人来庆贺。众人参加宴饮，观看歌舞表演。宫里还会举办骑射活动。

"爆竹声中一岁除，春风送暖入屠苏。千门万户曈曈日，总把新桃换旧符。"新年不仅是对旧的一年的总结，也承载着对未来美好的祝愿。在宋朝的好时光中，自在徜徉吧！

没有节日，创造节日庆祝

宋朝的节假日很多，《宋史》中记载：

> 元日、冬至、寒食假各七日。天庆、先天、降圣节各五日。诞圣节、正七月望、夏至、腊各三日。天祺、天贶节、人日、中和、二社、上巳、端午、三伏、七夕、授衣、重九、四立、春秋分及每旬假各一日。

元日、寒食、冬至放假七天，天庆、先天、降圣节放假五天，诞圣节、正七月望、夏至、腊八放假三天，其他如天祺、天贶节、人日、中和、二社等节放假一天。当然在不同时期，节假日也会产生变化，但变化并不大，就不一一列举了。

这里的"假"并不等同于现在的休假，什么心都不用操，而是指京官可以不用朝参，但得去值班，属于半休息模式。而"休务"才是真正停止办公，可以自在地回家休息。在宋代，是"每旬唯以晦日休务"，宋太祖开宝九年（976年）四月规定："自今旬假不视事，赐百官休沐。"即每月的十日、二十日和月底那天休假。

如果遇到战况危机的特殊时期，官员则不得不减少假期，进行加班。宋仁宗康定元年（1040年）二月，西夏叛乱，宋仁宗下令中书门下和枢密院、三司"自今逢大节、大忌给假一日，其余小节、旬休，并赴后殿奏事"。旬假被停了，官员们不得不加班加点地处理边防事务，毕竟这是头等大事，马虎不得。但这种停休的状态并没有维持多久，同年六月，宋仁宗在翰林学士丁度的建议下恢复了旬假。丁度给出的理由是："休假务如故，无使外夷窥朝廷浅深。"一切如常，才能安抚人心，也不致于被外族看出朝廷的变化。

南宋初年，宋金交战不断，有靖康耻在前，宋人更不敢懈怠，旬假再次被取消。宋高宗下诏"凡遇旬休日，百官照常到司治事"，之后又改为月休一次，到绍兴年间战事有所缓解，又恢复了旬休制度。

在所有这些节日中，有五个是宋真宗设立的。宋真宗大中祥符元年（1008年），据说有三次天书出现，第一次降临在左承天门南鸱尾上，第二次是在大内功德阁，第三次是在泰山醴泉北。用现在的观念来看，不会有天降奇书这种事。但在封建社会，天书预示着上天的旨意，皇帝作为天子，特别是有道之君，上天自然会降下来点祥瑞。历史上也不乏有人为了谄媚皇帝，捏造祥瑞的事件。总之，天降祥瑞成为利益既得者的共谋，三次天书降临也不过是宋真宗为了到泰山封禅做的预备工作。

相应地，这三个降天书的日子被封为"天庆、天祺、天贶"三节，属于宋真宗首创，宋真宗大中祥符五年（1012年）闰十月，宋真宗又封了两个节日："圣祖名，上曰玄，下曰朗，不得斥犯。以七月一日为先天节，十月二十四日为降圣节，并休假五日。两京诸州，前七日建道场设醮，假内禁屠、辍刑，听士民宴乐，京城张灯一夕。"

《容斋五笔》中说："大中祥符之世，诔佞之臣，造为司命天尊下降及天书等事，于是降圣、天庆、天祺、天贶诸节并兴。"不管封节的目的为何，在这些节日里，官员可以休假，比较轻松。

除了以上这些假期，遇到宋代帝后去世的纪念日即"国忌日"，还会休假。越到王朝后期，帝后去世的越多，官员休假的日子也就越多，南宋的国忌日肯定比北宋的国忌日多。国忌日要"禁乐、废务，群臣诣佛寺行香修斋"。如果官员被外派，还会有一段时间的"浣濯假"。

宋朝比较重视孝道，如果遇到父母去世，官员们必须丁忧，解除官职回家守孝三年。但是武官的丧假短了些，宋仁宗在庆历元年（1041年）曾下诏："三班使臣以上，遭父母丧，给假一月。"宋哲宗元祐六年（1091年），宋哲宗又改为一百天。

除了丧假，宋代的假期还有婚假、病假、私忌假等。总之，在行政部门当差的宋朝人待遇还算不错，可自由支配的时间还算多，所以才有那么多文人行走在路上，创作出那么多诗词歌赋和山水游记，丰富了文化宝库。

元宵节纵民行乐，皇帝在宣德楼上撒钱

元宵节是狂欢节，宋太祖说"宜纵士民之行乐"。孟元老说，"垂髫之童，但习鼓舞；斑白之老，不识干戈"，元宵节一派太平盛世、歌舞升平的景象。按照宋人庞元英《文昌杂录》的记载，元宵佳节要放假七天，不过仅限于行政部门。

在唐朝，就有元宵夜放灯的习俗，一般从正月十四到正月十六放三天。到了宋代，宋太祖下令将放灯的时间再延长两天，到正月十八。在不同时期，对延长的期限也有不同的规定，大都在正月十五前后，灯火如昼，纵民狂欢。

王庭珪回忆旧时元宵，曾作《念奴娇·上元》："少年时节，见皇州灯火，衣冠朝市。天汉桥边瞻凤辇，帘幕千家垂地。人似神仙，身游佛国，谪堕红尘里。"周

观灯图　南宋　李嵩

邦彦写了一首《解语花·上元》，描写汴京城元宵繁华热闹的景象，"箫鼓喧，人影参差，满路飘香麝。因念都城放夜。望千门如昼，嬉笑游冶"。

元宵佳节，游人来到御街两廊下观看表演。孟元老记述，有击丸蹴鞠的、有踏索上竿的、有吞铁剑的张九哥、有作剧术的王十二、有表演猴呈百戏，鱼跳刀门，使唤蜂蝶，追呼蝼蚁的，还有卖药、卖卦，沙书地谜的，不胜枚举。热闹程度"鳞鳞相切，乐声嘈杂十余里"，人挨人，节目挨着节目，嘈杂的声音绵延不绝。

据《宋史》中记载，上元节前后"城中张灯，大内正门结彩为山楼影灯，起露台，教坊呈百戏"。元宵节的灯结为灯山，纵横连绵，有结成瀑布状的，有结成双龙状的。《醉翁谈录》中记载了不同类型的花灯，有灯毬、灯槊、绢灯笼、日月灯、诗牌绢灯、镜灯、字灯、马骑灯、凤灯、水灯、琉璃灯、影灯。其中最豪华的当数"棘盆灯"，山棚上、棘盆中都装点着各种小灯，如仙佛人物、车马，还有名妓在此为之吆喝。孟元老记述得更为详细，他说棘盆"自灯山至宣德门楼横大街，约百余丈，用棘刺围绕"，足见其规模之大。在棘盆里面插着两根数十丈的长杆，然后装饰一些彩带之类的东西，还要装一些纸糊的百戏人物，微风轻轻吹动，就像仙人挥舞。棘盆里还设置了乐棚，有一些艺人在里面表演"飞丸走索、缘竿掷剑"之类。来往观灯者如"之趋下、辐之凑毂"，围得水泄不通。

在宣德楼上，设置一个御座，御座的周围自然也有各色装点，挂灯球、燃椽烛，宫嫔都在帘内嬉戏欢闹。宣德门前用仿木垒成一个露台，上面也张灯结彩，两边有侍卫在站岗，着锦袍，幞头簪赐花，执骨朵子。然后教坊司的人在露台上表演，引得周围人一阵欢呼雀跃。

据《大宋宣和遗事》中记载，宋徽宗宣和六年（1124年）正月十四，宋徽宗亲临宣德门城楼，坐在御座上观赏花灯和百戏，还下令"撒下金钱、银钱，与万姓抢金钱"，百姓们乐呵呵地抢钱，"是夜撒金钱后，万姓个个遍游市井，可谓是：灯火荧煌天不夜，笙歌嘈杂地长春"。这也算是宋徽宗时期的独家福利了。

宋徽宗还让光禄寺在皇城端门发放御酒"金瓯酒"，老百姓都去凑热闹，"休问富贵贫贱老少尊卑，尽到端门下赐御酒一杯"。宋人万俟咏有诗《凤皇枝令》，他在这首诗的序言中就讲了一个喝御酒的故事：

腊月十五日放灯，百姓都夜游。有一个妇女就去饮金瓯酒，然后偷偷顺走了酒杯。这个酒杯是金子的，百姓肯定都喜欢，但不敢拿，她胆子挺大的。左右的侍卫看见了，便一拥而上，把她抓住。妇人辩白道："我的丈夫比较严格，我带着酒容回去，他会不高兴的！我怎么证明自己啊，只好带着这个酒杯回去，说是皇上赐的御酒。"这时，隔帘有人笑着说："给她吧。"这个人不是别人，正是宋徽宗。

这件事流传很广，还被收录到《大宋宣和遗事》中，并加以改编，说一女子偷了金杯，侍卫看见后，把她押解到御前。然后女子吟诵了一首《鹧鸪天》，内容如下：

月满蓬壶灿烂灯，与郎携手至端门。贪看鹤阵笙歌举，不觉鸳鸯失却群。

天渐晓，感皇恩。传宣赐酒饮杯巡。归家恐被翁姑责，窃取金杯作照凭。

宋徽宗一听，非常高兴，不光赐给她金杯，还让侍卫将她和金杯一起送回去。

元宵节，东京城可谓"万街千巷，尽皆繁盛浩闹"。临安城也像汴京一样热闹，"家家灯火，处处管弦"。此时，深闺中的女子都走出家，去街上欢闹。辛弃疾《青玉案·元夕》中记载了元宵节的热闹场景：

东风夜放花千树。更吹落、星如雨。宝马雕车香满路。凤箫声动，玉壶光转，一夜鱼龙舞。

　　蛾儿雪柳黄金缕。笑语盈盈暗香去。众里寻他千百度。蓦然回首，那人却在，灯火阑珊处。

　　元宵节，烟火照京城，灯火如昼。百姓驾着宝马与雕车前来夜游，道路拥塞。街上孩童追着鱼龙舞的队伍奔跑欢闹，街上盈溢着行人香囊或熏香的味道。女子戴着蛾儿、雪柳等，笑语盈盈地肆意游赏、欢闹。南宋周密《武林旧事》中记载："元夕节物，妇人皆戴珠翠、闹蛾、玉梅、雪柳、菩提叶、灯球、销金合、蝉貂袖、项帕，而衣多尚白，盖月下所宜也。"有的女子还会把灯球戴在头上，《岁时杂记》中称："都城仕女有神（插）戴灯球、灯笼，大如枣栗，加珠茸之类，又卖玉梅、雪梅、雪柳、菩提叶及蛾蜂儿等。"

　　这种欢闹，直到"玉漏频催，金鸡屡唱"才刚刚有结束的气象，通宵达旦，直到收灯之时，人才渐渐稀少，一切最终恢复平静，不光现在想来令人向往痴醉，在当时也让人有华胥一梦的感觉。晏殊有诗《正月十九日京邑上元收灯日》云："星逐绮罗沉曙色，月随丝管下层台。千啼万縠无寻处，只似华胥一梦回。"

寒食节：生火招骂，还会被罚款

　　关于寒食节的由来，不得不提介子推。《庄子》中记载："介子推至忠也，自割其股以食文公，文公后背之，子推怒而去，抱木而燔死。"相传，介子推曾经在晋文公重耳逃难时，割自己的一块大腿肉给晋文公吃。结果晋文公归国后没有封赏介子推，介子推也没有像其他大臣一样主动请赏，而是隐居在绵山，他认为自己做的事情都是发乎自然的，并不想以此邀功。后来，在他人的提醒下，晋文公想起这件事，便派人去绵山寻找介子推。但是绵山太大了，植被又很茂密，于是有人就给晋文公出了个主意，在山的三面放火，逼介子推出来。结果大火整整烧了三天才熄灭，介子推也没有出来。最后，众人在一棵枯树下发现介子推和母亲的尸骸，晋文公大受震动。

但将介子推和寒食节连在一起，是汉朝时的事情。桓谭在《新论》中说："太原郡民以隆冬不火食五日，虽有疾病缓急，犹不敢犯，为介子推故也。"

到了宋朝，寒食节已成为三大节日之一，受到宋人的高度关注，并且与清明节有融合的趋势。北宋吕原明在《岁时杂记》中说："清明节在寒食第三日，故节物乐事皆为寒食所包。"孟元老在《东京梦华录》中介绍："寒食第三节，即清明日矣。"

每当寒食节，要休假七日。还要禁火，据《岁时广记》中记载："元丰初官镇阳。镇阳距太原数百里，寒食火禁甚严。有辄犯者，闾里记其姓名。忽遇风雹伤稼，则造其家，众口交偏谪之，殆不能自容，以是相率不敢犯。"如果有人违反禁火的规定，人们会把你的姓名记下。如果风不调雨不顺，那就怪你，人们就都会去你家责备你，让你羞愧难当，因此人们都不敢违禁。《癸辛杂识》中还说违反火禁的人要被罚烧纸钱。

由于禁火，所以大家都在寒食节吃冷食。但是不吃口热乎饭，有的人受不了。欧阳修曾说自己"多病正愁饧粥冷"。很多人家也偷偷开小灶，《岁时广记》中说："庆历中，京师人家庖厨灭火者三日，各于密室中烹炮，尔后稍缓矣。"

寒食节禁火，清明节要再燃新火。《梦粱录》中还记载了清明节时，小黄门"每岁禁中命小内侍于阁门用榆木钻火，先进者赐金碗、绢三匹"。皇帝也会举行赐新火的活动，将点燃的新火送到宫嫔、大臣家里去。

除此之外，还会举行扫墓活动。孟元老说汴京人在清明节"凡新坟，皆用此日拜扫。都城人出郊"。而周密则记述了临安人"人家上冢者，多用枣锢姜鼓。南北两山之间，车马纷然，而野祭者尤多"。由去郊外祭拜的活动，衍生出郊游的活动。

"处处秋千竞男女，年年寒食乱风花。"除了郊游，那时还会举行很多活动，比如蹴鞠、秋千、斗鸡、争渡、插柳。欧阳修曾作《采桑子》，描绘了清明时节的热闹："清明上巳西湖好，满目繁华。争道谁家，绿柳朱轮走钿车。游人日暮相将去，醒醉喧哗。"由此可见，宋代的寒食节并非弥漫在悲伤的气氛里，而是处处充满欢乐的气息。

鲜衣祭天齐贺冬：宋代的冬至到底有多热闹

在宋代，冬至是一个比较重要的节日。冬至，又叫"冬除""二除夜""亚岁"，从它的称呼可以看出宋人对它的重视只略逊于除夕。陈元靓在《岁时杂记》中说，"冬至既号'亚岁'，俗人遂以冬至前之夜为'冬除'，大率多仿岁除故事而差略焉"。由此，我们可以将冬至看作是新年的预演。孟元老在《东京梦华录》中的说法可以佐证："十一月，冬至。京师最重此节，虽至贫者，一年之间积累假借，至此日，更易新衣，备办饮食，享祀先祖。官放关扑，庆贺往来，一如年节。"周遵道《豹隐纪谈》中记载"吴门风俗，多重至节，谓曰'肥冬瘦年'"，意即吴人对冬至的重视超过了过年。

寒鸦图（局部） 北宋 李成

根据孟元老的说法，在冬至，人们都会换上新衣服，准备酒食，祭祀先祖。即便是穷人也不例外。朝廷会像过年时一样举行关扑活动，大家互相庆贺，热闹非凡。南宋时期临安也是如此，据《武林旧事》中记载："都人最重一阳贺冬，车马皆华整鲜好，五鼓已填拥杂遝于九街。妇人小儿，服饰华炫，往来如云。岳祠、城隍诸庙，炷香者尤盛。三日之内，店肆皆罢市，垂帘饮博，谓之'做节'。"为了庆祝冬至，做买卖的店铺都关了门，在屋子里赌博，好好过节。平时是禁止赌博的，但在过节特意放宽政策，赵彦卫在《云麓漫钞》中记载："关扑食物，法有禁。惟元正、冬至、寒食三节，开封府出榜放三日，或以数十筹银，或以乐艺女人为一掷，其他百物无不然。"另外，冬至也和除夕一样有守岁的活动，不过叫作"守冬"，正如金盈之《醉翁谈录》所说："守冬爷长命，守岁娘长命。"表达了人们对这一节俗的美好祝愿。

　　过节是全民的活动，皇帝更是承载着万民的期望去举行一些祭祀活动。百姓会到城隍庙、岳祠等庙中烧香。而且，百姓也能享受到节日福利，比如减免房租，宋真宗在大中祥符七年（1014 年）下诏，"贫民住官舍者，遇冬至、寒食，免僦值三日"，也就是免三天的房租；有时还会有一些特赦活动，孟元老说"开封府、大理寺排列罪人在楼前，罪人皆绯缝黄布衫，狱吏皆簪花鲜洁，闻鼓声，疏枷放去，各山呼谢恩讫"，特赦活动体现了皇恩浩荡，四周开始作乐、表演，一派升平景象；对于将士们，也会得到皇帝的犒赏，如《皇朝杂记》中记载："在京诸军，每年冬至，得大特支；唯南郊年既有赉，则更无特支；若改作名堂，则既恢郊赉，冬至又例有特支。"

　　冬至还有一个习俗是"数九"。就是从冬至这一天开始，数九九八十一天，等待春天的来到。据《岁时杂记》中记载："鄙俗自冬至之次日数九，凡九九八十一日。里巷多作《九九词》。又云'九尽寒尽，伏尽热尽'。"《西湖游览余志》中记载了一首"九九歌"，内容如下：

一九二九，召唤不出手；三九二十七，篱头吹觱篥；四九三十六，夜眼如露宿；五九四十五，太阳开门户；六九五十四，贫儿争意气；七九六十三，布纳两头担；八九七十二，猫狗寻阴地；九九八十一，犁耙一齐出。

　　意思是一九二九冷得打招呼都不敢伸出手；三九的时候，呼啸的寒风吹得篱笆如觱篥般作响；四九冷得人只能缩着脑袋睡觉；五九天气才开始稍微转暖；到了六九，穷人们出来吆喝吆喝，显摆显摆；七九的时候，和尚的布衲衣搭在肩头；八九的时候，猫狗开始寻找阴凉地；等到九九的时候，农耕就开始了。由此我们可以看出古人对天气的观察细致入微，但这首九九歌讲的是苏杭一带的天气，描述的天气转变情况不能涵盖全国各地，但数九的风气很多地方都有。

　　值得一提的是，我们现在习惯冬至吃饺子，但在宋代，人们普遍都吃馄饨。周密《武林旧事》中记载："享先则以馄饨，有'冬馄饨，年馎饦'之谚。贵家求奇，一器凡十余色，谓之'百味馄饨'。"可见馄饨也能做出很多花样。

　　着新衣，开关扑，享福利，吃美食……宋朝丰富多彩又热闹非凡的冬至，你喜欢吗？